Henri J. M. Nouwen

Sterben, um zu leben

W0097510

Henri J. M. Nouwen

Sterben, um zu leben

Abschied von meiner Mutter

Herder

Freiburg · Basel · Wien

Titel der amerikanischen Originalwerke:
In Memoriam (1. Teil)
© Ave Maria Press, Notre Dame, Indiana 1980
A Letter of Consolation (2. Teil)
© Harper & Row, Publishers, San Francisco, 1982

Deutsche Übersetzung von Robert Johna

Umschlagbild: *Das Veilchensträußchen.* Albrecht Dürer (1471–1528).
Wien, Albertina

Inhalt

Erster Teil
Worte zur Erinnerung

Zweiter Teil
Worte zum Trost

Worte zur Erinnerung

Meine Mutter starb am Montag, dem 9. Oktober 1978, um Viertel nach sechs Uhr abends. Es war einer der wenigen Augenblicke, in denen ich nicht an ihrem Krankenbett war. Ich hatte gerade das Zimmer verlassen, um ein Telefongespräch zu führen. Als ich zurückkam, sah mich mein Bruder an und sagte: „Sie ist tot." Mein Vater hatte den Kopf auf das Bett gelegt und weinte leise. Meine Schwester und mein jüngerer Bruder, die draußen auf dem Gang miteinander gesprochen hatten, kamen herein und betrachteten ihr ruhiges Gesicht. Es war nun vorbei.

Der Arzt kam, hörte ihr Herz ab und sagte: „Ja, sie ist tot." Dann beteten wir. Ich bemühte mich, Worte zu finden, die das zum Ausdruck bringen konnten, was wir empfanden; Worte des Schmerzes, Worte der Dankbarkeit, Worte der Hoffnung. Es war ein bewegender Augenblick. Meine Mutter lag da, still und in Frieden. Wir schauten sie an und beteten: „Gott, führe sie nun in dein Haus, und gib uns den Mut, unser Leben weiterzuführen, dankbar für alles, was sie uns gegeben hat." Dann verließen wir das Krankenzimmer, in dem wir die letzten fünf Tage verbracht und Stunde um Stunde ihr Leiden und ihren Kampf miterlebt hatten. Wir wußten, daß sie niemals wieder bei uns sein würde.

Über die letzten Tage mit meiner Mutter möchte ich schreiben. So viel ereignete sich in dieser kurzen Zeit, daß ich befürchten muß, es entfällt mir etwas im Getriebe des Alltags, hielte ich meine Erfahrungen nicht in Worten fest. Ich will beschreiben, wie mir während jener Tage ihre Liebe, ihre Sorge, ihr Glaube und ihr Mut deutlicher wurden als jemals zuvor und wie mir auf neue Weise bewußt wurde, was es bedeutet, ihr Sohn zu sein.

Aber das ist so schwierig und schmerzlich. Jedes Wort scheint falsch zu sein, jeder Ausdruck scheint dem, was ich fühle, Gewalt anzutun, jede Seite des Lobes und der Dankbarkeit scheint jenes feingesponnene Netz aus Liebe, das ihr Leben war, zu verzerren. Und doch wäre Nicht-Schreiben schlechter; Nicht-Schreiben wäre, als trauerte ich nicht, als fühlte ich nicht den Schmerz, empfände nicht die Bitternis ihres Abschieds.

Ich weiß, daß ich weiterleben und mir sagen könnte: Sie mußte sterben, wie wir alle einmal sterben müssen; daß ich tapfer, stark, gefaßt sein und mich in der Gewalt haben muß. Ich weiß, wie ich auf das mir ausgesprochene Beileid von Freunden zu antworten habe, wenn sie sagen: „Es tut mir sehr leid zu hören, daß deine Mutter gestorben ist." Ich habe meine Sätze bereits zurechtgelegt: nicht zu viele, um sie nicht zu langweilen, nicht zu wenige, um nicht kurz angebunden und kühl zu erscheinen. Bis jetzt habe ich sie schon viele Male verwendet: „Vielen Dank!... Ja, es ging alles schneller, als wir dachten... Sie besuchte mich zusammen mit meinem Vater in den Vereinigten

Staaten... Als sie am ‚Kennedy Airport' ankamen, fühlte sie sich sehr müde und konnte nichts essen... Der Arzt, ein Freund von mir, diagnostizierte Gelbsucht, hervorgerufen durch einen Tumor... Schon nach vier Tagen flog sie mit meinem Vater zurück... In Holland unterzog sie sich bald einer Operation... Der Krebs erwies sich als sehr ausgebreitet... Nach der Operation schöpfte sie wieder Hoffnung, starb aber sechs Tage später an einer Komplikation in der Lunge..."

Ich weiß nicht, wie oft ich diese unpersönlichen Phrasen in den Mund genommen habe. Wieso wiederhole ich diese leeren Sätze? Sie erklären nichts. Schlimmer noch, sie verbergen mehr, als sie klarmachen. Sooft ich diese Worte verwende, wundere ich mich, warum es mir nicht gelingt, das Geheimnis mitzuteilen, von dem ich ein Teil geworden bin, die neue Einsicht, die sich mir aufgetan hat. Der endlose Dialog „Es tut mir leid", „Ja, ich bin traurig" hat einen merkwürdigen Überdruß zur Folge, statt Trost und Stärkung zu geben. Dennoch bin ich jedem zutiefst dankbar, der mir seine Anteilnahme zum Ausdruck bringt, und brenne geradezu darauf, meinen Schmerz mit jemandem zu teilen. Aber da findet noch etwas anderes statt, das zu wichtig ist, um in die wenigen Sätze eingezwängt zu werden, die ich schon so oft verwendet habe. Ich muß zumindest versuchen, mehr zu sagen.

Meine Mutter ist gestorben. Dieses Ereignis kann durchaus nicht für sich beanspruchen, einzigartig zu sein, es gehört zu den ganz normalen menschlichen Erfahrungen. Es gibt nur wenige Söhne und Töchter, die den Tod ihrer Mutter nicht erfahren haben oder erfahren werden, plötzlich oder langsam kommend, weit weg oder ihm ganz nah beiwohnend.

Dennoch will ich über dieses Geschehen nachdenken, obwohl es nicht ungewöhnlich oder außerordentlich ist, aber doch in vieler Hinsicht unbekannt und unergründlich bleibt. Gerade die gewöhnlichen, ganz normalen, alltäglichen Ereignisse sind es, in denen wir das Geheimnis des menschlichen Lebens berühren. Wenn ein Kind geboren wird, ein Mann und eine Frau sich umarmen, eine Mutter oder ein Vater stirbt, enthüllt sich uns das Geheimnis des Lebens. Genau in den Augenblicken, da wir am meisten Mensch sind, am meisten Berührung haben mit dem, was uns zusammenbindet, entdecken wir die verborgenen Tiefen des Lebens. Das ist der Grund, warum ich mich frei fühle, über meine Mutter zu sprechen, die ich so sehr geliebt habe und deren Tod mir tiefen Schmerz bereitet. Auf vielerlei Weise hat sie mich gelehrt und lehrt mich weiterhin, daß das Allgemeinste zugleich das Persönlichste ist.

Ich erinnere mich, wie unangenehm es ihr immer war, wenn ich sie im Beisein anderer lobte. Sie hatte es nicht gern, wenn ich über sie sprach. Doch nun hält sie mich nicht mehr zurück; sie kann nicht mehr in Verlegenheit gebracht werden. Nun ist sie nicht mehr nur meine Mutter; sie ist eine Frau, deren Sohn darüber sprechen will, was sie ihn gelehrt hat, nicht nur in ihrem Leben, sondern auch in ihrem Sterben. Im Leben gehörte sie wenigen, im Tod ist sie für alle da.

I

Es ging alles so schnell – und doch so langsam! Als ich von New York nach Amsterdam flog, wurde mir bewußt, daß ich auf dem Wege war, von meiner Mutter Abschied zu nehmen. Sooft ich dieselbe Reise bereits gemacht hatte, dieses Mal erschien sie mir irgendwie unwirklich. Schon spürte ich, daß ich wie mit anderen Augen sah, so als würde alles um mich herum langsam zurücktreten und verblassen. Es fiel mir ausgesprochen schwer, der freundlichen Dame zu meiner Rechten, die mir über die Schule ihrer Tochter erzählte, zuzuhören. Ich konnte mich nicht dazu entschließen, mir Kopfhörer zu besorgen, um Musik zu hören oder den Filmton zu verfolgen. Ebensowenig brachte ich es fertig, ein Buch zu lesen, das mich in die Verstrickungen des Lebens anderer Menschen hineinziehen würde. Über dem kalten Nordatlantik fühlte ich mich einsam. Nicht verlassen, nicht niedergedrückt, nicht ängstlich, nicht beunruhigt, sondern auf eine neue Weise allein. Meine Mutter lag im Sterben. Sie wartete auf mein Kommen, sie wollte mich sehen und mit mir beten. Diese Wirklichkeit war es, die mich mehr und mehr erfüllte, während das Flugzeug mich nach Hause trug. Ich erkannte, daß etwas ganz Neues mit mir geschah.

Erst vor einem Monat war ich von Jerusalem nach Rom geflogen. Ein sechzigjähriger Mann auf dem Platz neben mir erzählte, daß er auf der Reise in die Vereinigten Staaten sei, um dort am Begräbnis seines Bruders teilzunehmen. Ich weiß noch, daß mir das nicht ganz behagte, daß ich mich ein wenig gestört und belästigt fühlte. Ich war sogar ein bißchen gereizt, weil ich drei Stunden lang neben diesem Mann sitzen mußte, ohne mich „normal" unterhalten zu können. Jetzt war ich wohl derjenige, der seine Mitmenschen belästigt und reizt. Leute, die sich die Vorfreude auf einen schönen Urlaub nicht trüben lassen möchten. Mir wurde deutlich, daß Schmerz ein unwillkommener Weggefährte ist und daß jemand, der bereitwillig an dem Leid eines Fremden Anteil nimmt, ein wirklich bemerkenswerter Mensch ist.

Um sieben Uhr morgens schritt ich schließlich durch die langen Gänge des Amsterdamer Schiphol-Flughafens. Zwei Stunden später betrat ich das Zimmer im Nijmeger Krankenhaus, in dem meine Mutter in Schmerzen darniederlag. Von dem Augenblick an, da ich sie sah, wußte ich, daß etwas ganz Neues anfing. Ich lächelte, und sie sah mich an, dankbar, daß ich gekommen war. Ich küßte ihre Stirn und berührte ihre Hand. Worte waren hier kaum möglich oder nötig. Wichtig schien einzig und allein, daß wir zusammen waren.

Sie sah mich mit denselben Augen an, mit denen sie mich so oft angesehen hatte – als ich in das Seminar eintrat, als ich Priester wurde, als ich fortging, um in den Vereinigten Staaten zu leben: Augen, aus denen eine Liebe sprach, die niemals vom Leid geschieden werden konnte. Mag sein, daß es das war, was mich immer am tiefsten berührt hat – ihre Augen, in denen Liebe und Traurigkeit niemals ganz voneinander zu trennen waren.

Wie oft sah ich Tränen in ihren Augen, wenn ich nach einem Tag, einer Woche, einem Monat wieder von zu Hause fortging! Wie oft habe ich in dieses liebevolle Gesicht gesehen, das so schön zum Ausdruck brachte, daß Liebe auch Leid bewirkt!

Ich sehe sie noch winken am Kai des Rotterdamer Hafens, als das große Schiff „Statendam" langsam von seinem Ankerplatz losmachte und mich auf meine erste Reise in die Vereinigten Staaten mitnahm. Ich sehe sie noch winken, als ich die Absperrung mit dem Schild „Nur für Passagiere" hinter mir ließ und durch die Gänge des Flughafens schritt. Ich sehe sie noch vor unserer Haustür winken, als ich mit dem Wagen meines Bruders losfuhr. Und dann – die deutlichste aller Erinnerungen, weil dies hundertmal und mehr so war – sehe ich sie am Bahnsteig winken, wenn der Zug aus dem Bahnhof rollte und ihre Gestalt bald kleiner und kleiner wurde.

Da gab es immer ein Lächeln und eine Träne, Freude und Traurigkeit. Vom Augenblick meiner Geburt an, als ihre Tränen in einem Lächeln aufgingen, war es immer das gleiche.

Jetzt gab es keinen Zweifel, daß sie im Sterben lag; ganz klar stand es in ihrem Gesicht geschrieben. Ich wußte, daß wir beide das wußten. Aber es fiel kein Wort darüber. Ich beugte mich über ihr Gesicht, ganz nahe, ganz vertraut, ganz zärtlich, ganz von Schmerz erfüllt. Die Tränen in ihren Augen sagten mir, daß sie über mein Kommen glücklich war, es sie aber zugleich bedrückte, jetzt nichts anderes tun zu können, als einander anzublicken – und zu beten.

„Soll ich beten?" fragte ich leise. Sie schien sich darüber zu freuen und nickte. Ich wußte, daß sie mich darum gebeten hätte, wenn sie die Kraft zu reden gehabt hätte, und spürte die Möglichkeit, durch die Worte der Psalmen miteinander zu sprechen. Vor einem Jahr hatten wir aus demselben Buch gebetet. Während der vielen Abende, die wir zusammen waren, rezitierten wir oft die Psalmen und Lobgesänge des Abendgebetes und fanden darin eine Zeit gemeinsamer Stärkung und Ruhe. So war es etwas ganz Gewohntes und Vertrautes, als ich das Gebetbuch aufschlug und vorlas:

Wie der Hirsch lechzt nach frischem Wasser,
so lechzt meine Seele, Gott, nach dir.

Meine Seele dürstet nach Gott,
nach dem lebendigen Gott.
Wann darf ich kommen
und Gottes Antlitz schauen?

Tränen waren mein Brot
bei Tag und bei Nacht;
denn man sagt zu mir den ganzen Tag:
„Wo ist nun dein Gott?"

Das Herz geht mir über,
wenn ich daran denke:

wie ich zum Hause Gottes zog in festlicher Schar,
mit Jubel und Dank in feiernder Menge.

Meine Seele, warum bist du betrübt
und bist so unruhig in mir?
Harre auf Gott; denn ich werde ihm noch danken,
meinem Gott und Retter, auf den ich schaue (Psalm
42,2–6).

Als meine Lippen diese Worte langsam geformt hatten
und sie meine Mutter wie eine zarte Wolke umhüllten,
wußte ich, daß wir einander näher denn je waren. Obwohl sie zu krank war, um zu lächeln, zu schwach, um
sich zu bedanken, zu müde, um zu antworten, sprach
aus ihren Augen die Freude darüber, mit mir einfach
zusammensein zu dürfen. Die Psalmen besaßen eine
Kraft, die mir zuvor verborgen geblieben war. Sie ver-
drängten alles Bemänteln mit Gefühlen. Kaum waren
die Psalmworte gesprochen, bestand eine Stärke, eine
Kraft, ein göttlicher Realismus zwischen uns. Eine frohe
Klarheit herrschte. Eine Mutter lag im Sterben, ihr Sohn
betete, Gott war gegenwärtig, und alles war gut.

Als sie mir in die Augen sah, wußte ich, daß die
Dankbarkeit dafür, sie in meinem Leben gehabt zu haben, in mir weiterleben würde. Als ich in ihre Augen
sah, wußte ich, daß sie dankbar sterben würde – dankbar für ihren Ehemann, ihre Kinder und Enkelkinder
wie auch für das von Freude erfüllte Leben, das sie immer umgab. „Meine Seele, warum bist du betrübt und
bist so unruhig in mir? Harre auf Gott; denn ich werde
ihm noch danken, meinem Gott und Retter" (Ps 42,6).
Das war ein Sturzbach an Kraft, der nicht aus einer lei-

denden Frau oder einem im Herzen gebrochenen Mann kam. Das war ein Spüren der Wahrheit, die uns beide umfing. Ich weinte nicht und hatte auch nicht das Verlangen danach. Sie weinte nicht und versuchte auch nicht, ein Wort zu sagen. Wir waren zusammen in einem Augenblick der Wahrheit, einem Augenblick, den wir gemeinsam auskosten wollten.

Wie lange würde es wohl dauern? Wie viele Stunden, Tage oder Monate würden uns zusammen noch gegeben sein? „Warum sich darum sorgen?" dachte ich. „Warum nicht einfach dasein und die Güte des Herrn in diesem Augenblick erspüren und erkennen?"

Dann küßte ich sie wieder und sagte: „Ich gehe jetzt, ich muß etwas schlafen, denn ich war lange unterwegs. Heute abend komme ich wieder." Mit dem Daumen zeichnete ich ihr ein Kreuz auf die Stirn und fügte hinzu: „Auf Wiedersehen ... Schlaf gut!" Dann verließ ich leise ihr Zimmer und ging in das Haus, in dem mein Vater und meine Schwester auf mich warteten. Ich fühlte mich ganz ruhig, stark und froh. Wir waren alle zusammen und umgeben von Stärke.

II

Als ich am Abend wiederkam, hatten sich Mutters Augen verändert. Ich sah sie an, aber sie konnte mit ihren Augen nicht mehr antworten. Ich drückte ihre Hand, aber sie konnte die meine nicht mehr halten. Mein Bruder und meine Schwester standen neben mir an ihrem Bett. Ich sagte: „Mutter, ich möchte dir das Sakrament der Krankensalbung spenden... Ich möchte dir das Öl der Heilung geben, und wir wollen mit dir zusammen beten." Ich beugte mich zu ihr nieder und hörte sie leise sagen: „Es strengt mich an zu denken, du weißt, was gut ist." Nachdem ich eine Kerze angezündet hatte, betete ich um Heilung, um ein neues Leben, um Stärke in dieser Zeit der Krise und um den Mut, sich Gottes Willen anzuvertrauen. Wie ich sie mit dem heiligen Öl dreimal bekreuzigte und wie sie so ganz ruhig auf dem Bett lag, da wurde mir klar, daß sie ihre Augen auf Gott gerichtet hatte.

Bis zu dieser Stunde waren ihre Gedanken bei uns, bei ihrem Mann, ihren Kindern, ihren Freunden, und sie sprach von ihnen. Jetzt schien die Zeit gekommen, auf Gott zu schauen. Ihr Blick war nach innen gerichtet. Sie sah nicht mehr ihren Gatten Laurent und ihre Kinder Harrie, Paul und Marja, Win und Heiltjen, Laurine und Marc. Sie sah andere Wirklichkeiten, erschreckendere, furchterregendere, fesselndere, doch zugleich entscheidendere.

Bald nach diesem Augenblick der Stille – der Feier des Krankensakramentes mit der brennenden Kerze, ein paar leise gesprochenen Worten und der Salbung mit Öl – begann der Kampf. Wir waren auf ihn nicht vorbereitet; niemals hatten wir an ihren Tod gedacht als an einen Tod mit einem Kampf verbunden. Angst, Furcht und das Ringen mit dem Tode hatten wir nicht erwartet. Warum hätten wir auch sollen? Ihr Leben war ohne Tadel, edel und von Großmut bestimmt; immer gab sie, was zu geben war. Solch ein Leben konnte doch nicht in einem erbarmungslosen, schmerzvollen, ja qualvollen Kampf enden! Friedfertige Menschen sollten einen friedlichen Tod sterben, gläubige Menschen einen sanften Tod. Aber ist das wahr? Wer bin ich, um solch vereinfachende Gleichungen aufstellen und solche Schlußfolgerungen ziehen zu können? Wenn ich nicht einmal weiß, warum wir leben, warum sollte ich dann erwarten können zu wissen, wie wir einmal sterben werden? Wenn das Leben ein Geheimnis ist, warum sollte der Tod als eine Wirklichkeit betrachtet werden, die innerhalb unseres Fassungs- und Verständnisvermögens liegt?

Das milde Öl, das ich ihr aufgetragen hatte, war viel mehr als Öl, das Heilung bezeichnet. Der Apostel Jakobus dachte gewiß vor allem an Heilung, als er schrieb: „Ist einer von euch krank? Dann rufe er die Ältesten der Gemeinde zu sich; sie sollen Gebete über ihn sprechen und ihn im Namen des Herrn mit Öl salben. Das gläubige Gebet wird den Kranken retten, und

der Herr wird ihn aufrichten; wenn er Sünden began-
gen hat, werden sie ihm vergeben" (Jak 5, 14–15). Öl
ist jedoch nicht nur ein Symbol für Heilung, es ist
ebenso ein Symbol für Kampf. Die Krieger der Antike
salbten ihre Körper vor der Schlacht, und auch in unserer Zeit verwenden Ringer Öl, um ihre Muskeln ge-
schmeidig und ihren Körper beweglich zu machen.

Könnte es nicht sein, daß ich meine eigene Mutter
mit Öl gesalbt habe, um ihr bei der Vorbereitung auf
den letzten Kampf zu helfen? Ist es nicht möglich, daß
sie, die ein so gottverbundenes Leben geführt hatte,
um so unmittelbarer auch die Macht des Bösen erfahren sollte? Ist es unvorstellbar, daß sie, die so viele
Stunden im Gebet verbracht hatte, um so mehr den
wahrnehmen konnte, den wir „den Versucher" nennen? Ist es unmöglich, daß großer Glaube die Möglichkeit des Zweifels hervorbringt, daß große Liebe die
Möglichkeit des Hasses enthüllt und daß große Hoffnung die Möglichkeit der Verzweiflung sichtbar
macht?

Es wurde mir klar, daß das Öl, mit dem ich sie gesalbt hatte, ein Zeichen für einen großen Kampf war,
den es durchzufechten galt. Und es ist tatsächlich der
letzte Kampf, dessen Größe und Bedeutung nur von
wenigen verstanden wird.

Das ist mehr als ein frommer Versuch, einen schweren Tod zu erklären. Meine Mutter sagte nicht nur einmal, sondern oft zu mir, daß sie Angst vor dem Sterben habe. Viele werden dasselbe sagen, doch meine
Mutter meinte damit etwas sehr Konkretes, etwas Besonderes, etwas völlig Unzweideutiges. Drei Wochen

vor ihrem Tod bemerkte sie mir gegenüber: „Ich habe Angst zu sterben; nicht davor, ins Krankenhaus zu müssen und operiert zu werden, auch nicht davor, Schmerzen zu erleiden. Ich habe Angst, vor Gott zu erscheinen und ihm mein Leben vorzuzeigen." Diese große Begegnung war es, die ihre Furcht erweckte. So tief war sie von Gottes erschreckender Größe beeindruckt und so sehr von ihrer eigenen Nichtigkeit überzeugt, daß der Gedanke an die große Begegnung nur Furcht erregen konnte.

Vielleicht war *Furcht* nicht das richtige Wort, eher meinte sie wohl *Grauen*, das überwältigende Wissen um den großen Abgrund zwischen Gott und seinen Geschöpfen. Diese erschreckende Gewißheit bedeutet einen folgenschweren Kampf, ein hin und her wogendes Ringen. Wie kann ein menschliches Geschöpf Gott gegenübertreten und leben? Wo gibt es da einen Halt außer an Glaube, an Hoffnung und Liebe? Alles andere erscheint in dieser erschreckenden Stunde nichtig – selbst der Gatte, die Kinder, die Enkel und ein untadeliges Leben mit aller Freude und allem Leid. Im Augenblick des Todes zählt nur Gott allein. Es ist ein einsamer Kampf. Ja, das Öl ist wirklich ein bedeutungsvolles Symbol in der Stunde des Todes.

Bald nachdem ich meiner Mutter das Sakrament der Krankensalbung gespendet hatte, begann ihr langer, nicht enden wollender Todeskampf. Mein Bruder, der noch ein bißchen länger am Bett der Mutter bleiben wollte – während meine Schwester und ich nach Hause gingen –, sah, daß die bisherige Friedlichkeit sie verlassen hatte und sich jetzt eine Ruhelosigkeit ihrer bemächtigte. Mutters Augen schienen sich nicht mehr auf ihre Umgebung zu richten, und auch ihre Bewegungen waren ziellos geworden; ihr ganzer Körper war wie von Furcht gepackt. Als mein Bruder davon berichtete, entschlossen wir uns, nunmehr Tag und Nacht am Bett unserer Mutter zu bleiben. Wir wohnten ihrem Todeskampf bei, von Minute zu Minute, von Stunde zu Stunde, von Tag zu Tag.

Wie groß ist das Geheimnis unseres Lebens! Keiner von uns hatte erwartet, Zeuge dieses qualvollen Kampfes der Frau zu sein, die wir so sehr liebten. Wir konnten nichts anderes tun, als nur dazusein, ihr die Arme zu halten, die sie ruhelos hin und her bewegte, vorsichtig den Schweiß von ihrer Stirn zu wischen sowie behutsam die Kissen aufzuschütteln und ihr damit jedes mögliche kleine bißchen Erleichterung zu bieten.

Ich frage mich noch, was ich während dieser Stunden empfand. Ich fühlte mich ohnmächtig, klein und hilflos, aber ebenso friedlich, stark und ruhig. Ich sah und empfand etwas, das ich nie zuvor gesehen oder empfunden hatte, eine Erfahrung, zu deren Beschreibung Worte nötig wären, die noch nicht gefunden sind: ohnmächtig und doch stark, traurig und doch friedlich, gebrochen und doch ganz. Ich kann dieses neue Gefühl noch immer nicht ganz verstehen. Dennoch vermag ich eines auszusprechen, weil ich es so klar empfand: Ich war selig, an einem Augenblick der Wahrheit teilzuhaben.

Alles war wahr, es gab keine Täuschung oder Lüge. Mutter lag im Sterben, und niemand bestritt es. Obwohl ihr Leiden tief und unergründlich war, war es doch nicht vor uns verborgen. Wir erfuhren die Gnade, ihrem Leiden nahe zu sein, innig verbunden mit ihrem Schmerz, tief vereinigt mit ihrem Todeskampf. Ich sah in Mutters leere Augen, nahm ihre Arme, die sie ruhelos und wirr bewegte, sagte ihr dann und wann ein beruhigendes oder tröstendes Wort, und bei alldem war ich gar nicht ängstlich, nicht aufgeregt, nicht beklommen. Niemals empfand ich so eindringlich, daß die Wahrheit uns frei machen kann. Es war ein überaus geheiligter Augenblick, und mir war es vergönnt, ihn zu erleben.

Die Welt draußen – die Autos auf der Straße, die Stimmen auf den Gängen des Krankenhauses, die Studenten an der Universität in Amerika, die Vorlesungen, die ich halten, und die Konferenzen, die ich besuchen sollte, die Artikel, die ich noch schreiben, und die Bücher, die noch auf meinem Schreibtisch lagen –, all das erschien mir mit einem Mal als Trug und durchdrungen von Schatten des Unwahrhaftigen. Die Wahrheit war hier, in diesem Augenblick, in diesem Zimmer: Mutter lag im Sterben, im tödlichen Kampf mit den gewaltigen Mächten von Leben und Tod.

Sie sah uns – meinen Vater oder eines ihrer Kinder – nicht mehr, doch sie sah, was wir nicht sehen konnten. Aus der Tiefe ihres Kampfes rief sie zu Gott: „O Gott, mein Gott, mein Vater, mein Gott!" Diese Worte – sie hatte sie während ihres Lebens oft und oft gesagt – kamen jetzt aus dem Innersten ihres Seins und wurden zu einem langen Sterbensschrei.

Als die langen Stunden in noch längere Nächte und

Tage übergingen, wurde ihr Aufschrei heftiger und durchdringender. Ich beugte mich über sie und konnte ihre Worte hören, mit denen sie betete: „Mein Vater, der du bist im Himmel, ich glaube, ich hoffe, ich liebe... Mein Gott, mein Vater..." Ich wußte, daß dies der Kampf der großen Begegnung war. Ich wollte ihr die Freiheit geben, die sie brauchte, um in diese einsame Stunde einzutreten, ich wollte ihr den Raum geben, in dem dieses geheimnisvollste aller Ereignisse stattfinden konnte. Ich wußte, daß sie mehr brauchte als beruhigende Worte; sie bedurfte jeder Unterstützung, die wir ihr in diesem Glaubenskampf geben konnten. Gemeinsam mit meinem Vater, meinen Brüdern und meiner Schwester sprach ich die Gebete, die sie andeutete – das Vaterunser, das Glaubensbekenntnis, das „Gegrüßet seist du, Maria" und die Litanei zur Muttergottes. Als wir ihr so die Worte in den Mund legten, die sie selbst nicht mehr auszusprechen in der Lage war, spürten wir, daß wir sie mit einem Schutzschild aus Gebeten umgaben, mit dessen Hilfe sie den einsamen Kampf ausfechten konnte.

Warum? Warum mußten wir Zeugen solchen Schmerzes und verzweifelten Todesringens sein bei einer Frau, deren Leben voll Güte, Freundlichkeit, Zärtlichkeit und Liebe war? Warum mußte sie, die so hochherzig und selbstlos gewesen war, ein solch qualvolles Sterben erdulden? Warum all dieser Schmerz, dieses Leiden, dieser Kampf?

Während der Tage, da Mutter starb, hörte ich diese Frage immer wieder. Oft meinten Freunde, es sei ungerecht, daß diese liebenswürdige Frau einen so schmerzvollen Tod erleiden mußte. Viele bestanden darauf, daß sie diesen grausamen Kampf nicht verdient hätte. Aber verstehen wir das wirklich?

Langsam – so wie die langen Stunden und Tage vergingen – begann ich mich zu fragen, ob Mutters Kampf in Wirklichkeit nicht die unerbittliche Wahrheit der Liebe Gottes offenbarte. Wer besaß eine größere Liebe als Jesus? Wer litt mehr als er? Das Leben Jesu, ein Leben gläubigen Dienens, endete nicht in einem friedvollen, stillen Tod. Er, der ohne Sünde war, erlitt einen Todeskampf von unermeßlicher Tiefe; sein Schrei vom Kreuz herab „Gott, mein Gott, warum hast du mich verlassen?" hallt wider durch die Jahrhunderte.

Sollte Mutter dazu berufen sein, an diesem Todeskampf Anteil zu haben? War sie eingeladen, dieses Kreuz tiefer als viele andere zu spüren? Ich weiß es nicht und kann diese Fragen nicht mit Ja oder Nein beantworten. Was in den Stunden ihres Todes wirklich geschah, läßt sich nicht erklären oder begreiflich machen. Aber der Gedanke, daß sie, die so vielen ihre Liebe geschenkt hatte, die so viel gegeben und so tief mitgefühlt hatte, dazu berufen war, selbst in diesem Todesringen mit Christus vereint zu sein, ließ mich in diesen Tagen nicht los.

Freunde sagten wiederholt zu mir: „Deine Mutter hat immer zuerst an andere gedacht." Das ist wahr. Sie lebte für andere: für ihren Mann, ihre Kinder, ihre Enkel, ihre Freunde. Sie lebte wirklich mit der Gesinnung Christi, andere immer für besser zu halten als sich selbst. Doch das führt nicht notwendigerweise zu einem sanften Tod. Warum meinen wir, daß ein christlicher Tod ein leichter Tod sein muß? Warum glauben wir, daß das Hoffen auf ein Leben mit Christus unseren Tod zu einem sanften Hinübergehen werden läßt? Ein mit-leidendes Leben ist ein Leben, in dem das Dulden und Ertragen anderer aufs tiefste mitempfunden wird, und nach solch einem Leben kann auch der Tod zu einem Akt des Mit-Sterbens mit anderen werden. Als ich Mutters Kampf sah, ihren Aufschrei des Glaubens und der Hoffnung, fragte ich mich, ob sie da nicht mit den vielen anderen mitschrie, für die sie gelebt hatte.

Im Todeskampf Jesu begegnen uns die Todesqualen der Welt in ihrer ganzen ergreifenden Eindringlichkeit: „Da ergriff ihn Angst und Traurigkeit, und er sagte zu ihnen: Meine Seele ist zu Tode betrübt" (Mt 26,37–38). Ist nicht jedes menschliche Wesen, das im Geiste Christi leben will, zugleich berufen, im Geiste Christi zu sterben? Das kann für verschiedene Menschen etwas ganz Unterschiedliches bedeuten. Es muß gewiß nicht das Ringen bedeuten, das Mutter durchmachte. Ich halte es jedoch für überaus wichtig, zu verstehen, daß diejenigen, die mit Christus leben, auch darauf vorbereitet sein müssen, mit ihm zu sterben, ja, bereitwillig die Einladung anzunehmen haben, seine Todesqualen mitzuerdulden.

Was ist dann dieser Todeskampf? Ist es Furcht vor Gott, Furcht vor der Strafe, Furcht vor der Unermeßlichkeit göttlicher Gegenwart? Ich weiß es nicht, doch wenn ich das, was ich sah, nur annähernd verstand, dann lag der Grund tiefer. Es war die Furcht vor dem großen Abgrund, der Gott von uns trennt, ein Abgrund, den nur der Glaube zu überwinden vermag. Die Prüfung bricht an, wenn alles, was uns lieb ist, entschwindet – unser Heim und alle, die wir lieben, unser Leib mit all seinen vielen Eigenheiten des Lebendigen, unser Geist mit all seinen sich sorgenden Gedanken – und es nichts mehr gibt, an dem man sich festhalten kann. Gerade dann muß man den Glauben haben, sich einem liebenden Herrn hinzugeben, darauf vertrauen, daß er uns nicht in eine grausame, unergründliche Schlucht fallen läßt, sondern daß er uns in eine sichere Wohnung führen will, die er für uns bereitet hat.

Meine Mutter kannte ihre Schwächen und Unzulänglichkeiten. Ihr langes Leben tiefen Gebets hatte ihr nicht nur Gottes Größe, sondern auch ihre eigene Kleinheit, nicht nur Gottes Großherzigkeit, sondern auch ihre eigene Furchtsamkeit, nicht nur Gottes Gnade, sondern auch ihre eigene Sündhaftigkeit vor Augen geführt. Es schien, als machte gerade ihr lebenslanges Gespräch mit Gott ihren Tod zu einer solchen Marter. In der Stunde des Todes wird alles Glaube. Der Glaube an Gott, der jede Faser unseres Seins kennt und uns trotz unserer Sünden liebt, ist die enge Pforte, die diese Welt mit der anderen verbindet.

Was meine ich überhaupt damit? Mache ich aus dem Tod einer Frau, die ein gutes Leben geführt, aber einen qualvollen Tod erduldete, ein existentielles Drama? Die Ärzte und Schwestern im Krankenhaus, die meine Mutter mit sachkundiger Fürsorge umgaben, konnten und wollten nicht mit den Worten und

Begriffen sprechen, die ich verwendete. Sie sprachen von einem zunehmenden Sauerstoffmangel, einer schwer zu erklärenden Unruhe und einem kaum verständlichen Stöhnen. Aber ist das alles, was es hier zu sagen gibt? Zweifellos verursacht Sauerstoffmangel Angstgefühle, doch nicht jede Angst wird als Glaubenskampf im Augenblick der Begegnung mit Gott selbst erfahren. Was meine ich, wenn ich von einem Anteilnehmen an Christi Tod spreche? Einige, vor allem die Fachleute im Krankenhaus, deuteten ihren Kampf in erster Linie als eine physische Antwort auf eine sehr eingreifende Operation. Andere, denen ihre Frömmigkeit bekannt war, empfanden ihn als das Hervortreten alter Erinnerungen und tief eingebetteter gewohnter Wendungen, die sie im Zustand eines eingeschränkten Bewußtseins dauernd wiederholte. Aber ich sah noch etwas darüber hinaus. Ich sah meine eigene Mutter auf den Augenblick zugehen, da ganz allein mit Gott die endgültige Entscheidung des Lebens getroffen werden muß: die Entscheidung des Glaubens.

III

Wie wird es sein, und wie werde ich fühlen, wenn sie nicht mehr Teil meines Lebens ist? Seit Jahren habe ich mir diese Frage gestellt, wenngleich ich einsah, daß es darauf keine Antwort gab, weil es eine so vollkommen unbekannte Erfahrung war. Mir wurde klar, daß die Bindung zu meiner Mutter in den Jahren meiner Kindheit, meiner Jugend und meines Erwachsenseins so tief und innig geworden war, daß ich deren ganze Bedeutung vor ihrem Tode niemals würde ergründen können. Wann immer ich versuchte, über mein Leben ohne sie nachzudenken, vermochte ich keinen klaren Gedanken zu fassen und brachte es nicht zustande, mir irgend etwas vorzustellen. Aber immer stärker spürte ich die geheimnisvollen Tiefen der Beziehung zwischen Mutter und Kind. Ich hatte genug Bücher über Psychologie gelesen, um von Müttern mit Besitzansprüchen, abhängigen Söhnen und tiefen, ungelösten Bindungen zwischen Kindern und Eltern zu wissen. Doch wußte ich ebenso, daß all dies zur Erklärung unserer Beziehung nicht reichte; hier gab es noch viel mehr zu verstehen.

Von ihr fühlte ich mich uneingeschränkt angenommen, egal, ob ich brav oder ungezogen, erfolgreich oder erfolglos, nahe oder fern war. Bei ihr fand ich eine Liebe, die keine Ansprüche erhob und nicht bevormundete, eine Liebe, die mir ein Gefühl des Geborgenseins gab, das ich sonst nirgends finden konnte. Es ist schwierig, das alles genau zu beschreiben, was ich empfand, aber das Wort „geborgensein" kommt dem am nächsten. Sie vertrat eine Güte und Geborgenheit, die viel größer war als sie selbst. Wenn ich sogar mitten in Unruhe und Rastlosigkeit, Auseinandersetzungen und Fehlschlägen daran festhielt, daß das Leben im Grunde gut und lohnenswert ist, da wußte ich, daß sie mein Lehrer war und noch ist. Das hatte sehr wenig zu tun mit häufigen Besuchen, Briefen oder Telefongesprächen; auch nicht mit Aussprachen und Plänemachen; und es hatte gar nichts zu tun mit alltäglichen Entscheidungen. Wegen des Ozeans, der uns voneinander trennte, gab es nur wenige Gelegenheiten für die einfacheren Formen von Abhängigkeit.

Wenn ich mir dachte: „Es ist besser, zu leben als nicht zu leben, es ist besser, zu kämpfen und zu unterliegen als überhaupt nicht zu kämpfen", wußte ich, daß sie damit etwas zu tun hatte. Ich kann wohl sagen, daß sie mir dieses Grundgefühl gab, daß das Leben gut ist, wodurch es mir möglich war, mich an vielen Orten frei und furchtlos zu bewegen, mit den verschiedensten Menschen in den verschiedensten Situationen zusammenzuleben und mich weit fort von zu Hause frei zu fühlen.

Wenn ich ihr darüber etwas erzählt hätte, hätte sie sich gewiß verlegen, verwirrt oder gar verletzt gefühlt. Oder sie hätte mich vielleicht einfach einen Schwärmer genannt. Jedenfalls habe ich von alledem kein Wort zu ihr sagen dürfen. Erst jetzt, nachdem sie nicht mehr da ist, nachdem sie begraben ist, kommen mir diese Worte und Gedanken nicht einfältig oder schwärmerisch vor. Sie sind einfach der Ausdruck einer Wahrheit. Niemals fand ich eine Antwort auf die Frage: „Wie wird das Leben sein, wenn sie nicht mehr gegenwärtig ist in meinem ganzen Denken und Fühlen?" Jetzt merke ich, daß ich in die Antwort langsam, ruhig, behutsam und sehr geduldig hineinwachsen muß. Die Antwort wird sich nicht in Form eines Gedankens oder einer Einsicht einstellen, sondern in Form einer neuen Liebe.

Wie ich zu meinem Vater, meinen Brüdern und zu meiner Schwester hinübersah, als sie im Krankenhaus um Mutters Bett standen, wurde mir klar, daß sie uns niemals im Stich lassen würde. Das Gefühl der Sicherheit, das sie uns gegeben hatte, dieses Gefühl, einer Welt zuzugehören, der man vertrauen kann, würde nicht mit ihr sterben, sondern würde sich um so tiefer in unserem Wesen verankern.

Ich sah dies zuerst bei meinem Vater. Ich hatte mir oft Sorgen über seinen Schmerz und seinen Kummer gemacht, wenn Mutter vor ihm sterben sollte. Ich hatte mir ebensooft über sein Leben allein Gedanken gemacht – nach einem langen und glücklichen Leben mit ihr zusammen. Doch als ich sah, wie er auf seine sterbende Gattin schaute, erkannte ich, daß es da verborgene Quellen gab, die ich zuvor nicht gesehen hatte. Es war die Kraft einer Liebe, die der Tod nicht zu vernichten vermag. Ich sah Stärke, Mut und Freiheit durch seine Tränen hervorbrechen. Da wußte ich, daß Mutters Tod ihn nicht umwerfen würde. Dieselbe Stärke sah ich auch bei meinen beiden Brüdern und ihren Frauen, bei meiner Schwester und ihrem Mann. Sie alle strahlten eine Fürsorge, Liebe und Teilnahme aus, die weit mehr offenbarte als die Trauer, ihre herzlich geliebte Mutter zu verlieren. Ich spürte es auch bei mir selbst. Ich fühlte mich stark, ja sogar merkwürdig froh während dieser Tage. Es war die Freude, eine große Liebe zu spüren, die uns miteinander verband, eine Liebe, die sie uns gegeben hatte und die uns nicht genommen werden konnte.

Es ist schwierig, in Worte zu fassen, was ich sagen möchte. Worte wie „Liebe" und „sich sorgen" können so leicht im Sinne von Gefühlen verstanden werden, und doch konnte keiner von uns, die wir um Mutters Bett waren, seine Gefühle dem anderen besonders gut ausdrücken. Tatsächlich sagte niemand von uns während dieser langen Stunden des Wartens etwas ganz Neues. Die Worte waren die gleichen wie sonst. Dennoch spürten wir alle, als wir ihr Leben langsam erlöschen sahen, daß das Band zwischen uns, das sie geflochten hatte, fester und enger wurde.

Diese neue Bindung, die wir zu spüren begannen, war etwas weit Größeres als das, was mit der Bemerkung „ihr habt euch noch" gesagt ist. Wir wurden einander neue Menschen mit einem neuen Leben und mit neuen Perspektiven. Das Leben begann sich in neuer Weise zu offenbaren. Ich sagte nicht einfach „Lebewohl" zu ihr; ich ließ auch in mir selbst etwas los, das sterben mußte. Dasselbe bemerkte ich auch bei meinem Vater, bei meinen Brüdern und bei meiner Schwester. Alte Grenzen, die einen bestimmten Abstand zwischen uns aufrechterhalten hatten, wurden beseitigt, so daß eine neue Art von Vertrauen entstehen konnte.

Nur in diesem Zusammenhang ist es mir möglich, ganz zu verstehen, warum es uns so leicht fiel, gemeinsam zu beten. Als Kinder hatten wir zusammen gebetet, bevor wir zu Bett gingen. Obwohl wir noch gemeinsam zu Tisch beten, geschieht es nur selten, daß wir uns in der Tiefe des Gebets treffen.

Doch als wir uns um Mutters Bett versammelt sahen, war unser Gebet leicht, frei, spontan und natürlich. Es bot uns Worte von größerer Kraft und Bedeutung an als alle Worte, die wir einander hätten sagen können. Es gab uns ein Gefühl der Einigkeit, wie sie kein Mutmaßen über die Art von Mutters Krankheit und die Chancen ihrer Genesung hätte schaffen können. Es erweckte ein Gefühl der Zusammengehörigkeit, die mehr geschenkt als von uns bewirkt war, und es schuf einen Raum, in dem wir gemeinsam zur Ruhe kommen konnten.

Das eine oder andere Gebet, das wir sprachen, hatte uns Mutter schon als Kinder gelehrt, Gebete, die uns jetzt nach Jahren des Vergessens wieder einfielen. Einige Gebete hatten wir noch nie zuvor gesprochen, während andere Gebete Jahrhunderte hindurch von Männern und Frauen in Schmerz und Leid gebetet wurden.

Die Gebete, die wir gemeinsam sprachen, wurden der Ort, wo wir ohne Furcht und Beklemmung zusammensein konnten. Sie wurden gleichsam ein sicheres Haus, in dem wir wohnen und einander etwas mitteilen konnten, ohne dabei nach unangemessenen eigenen Worten suchen zu müssen. Die Psalmen, das Vaterunser, das „Gegrüßet seist du, Maria", das Glaubensbekenntnis, die Allerheiligenlitanei und viele andere Gebete bildeten die Mauern dieses neuerrichteten Hauses, ein sicheres Gebäude, in dem wir uns frei fühlten, sich einer dem anderen und Mutter zu nähern; sie, die unserer Gebete in ihrem einsamen Kampf bedurfte.

So vergingen die Tage und Nächte im Wechsel von Gebet, Stille und kurzen Gesprächen. Wir spürten es innerlich, daß Mutter merkte, daß wir da waren und daß sie den sanften Rhythmus unserer Gebete wahrnehmen konnte. Oft beugten wir uns ganz nahe zu ihr, um ihr noch mehr zu verstehen zu geben, daß wir bei ihr waren, gaben ihr unsere Liebe und Dankbarkeit zu erkennen. Doch meistens saßen wir nur still da. Während der ersten Tage hatten wir Bücher oder Zeitschriften gelesen, um die Zeit nicht zu lang werden zu lassen. Jetzt sahen wir sie und uns einfach an und vertieften die langen Stunden der Tage und der Nächte mit unserer Anwesenheit. Von da an galt nur noch das eine: ohne Fragen und Fordern einfach bei ihr zu sein.

IV

Nach drei Tagen Kampf war Mutter erschöpft. Sie besaß nicht mehr die Kraft, ihre Arme in beängstigenden Bewegungen umherzuwerfen; nicht einmal ein paar Worte des Gebets murmeln oder vernehmlich zu Gott rufen konnte sie mehr. Der Arzt, der ihren langen, schmerzvollen Kampf miterlebte, sagte: „Es war für sie, als hätte sie drei Tage eine lange Treppe hinauf und hinunter rennen müssen. Jetzt ist keine Kraft mehr da."

Wir saßen an ihrem Bett und merkten, wie ihr Atem immer flacher wurde. Drei Tage lang hatten wir mit ihr gerungen, hatten sie von beiden Seiten des Bettes aus gehalten, hatten Worte der Beruhigung gesprochen und leise oder laut gebetet. In der vergangenen Woche gab es Augenblicke, in denen wir dachten, daß Mutter weiterleben könnte, kurze phantastische Vorstellungen, daß sie irgendwie wieder nach Hause zurückkommen und wieder bei uns sein könnte. Vor allem aber verlangte uns danach, sie ihre Augen öffnen und lächeln zu sehen und sie ein paar Worte sprechen zu hören.

Die Hoffnung auf einen einzigen Augenblick des Wiedererkennens oder vielleicht nur auf ein paar Worte hielt uns alle in ihrem Bann. Jeder fragte sich

selbst und den anderen: „Kann sie noch hören? Weiß
Mutter, daß wir alle bei ihr sind? Spürt sie unsere
Liebe und unsere Sorge? Versteht sie das eine oder andere Wort, das wir sagen? Merkt sie, daß wir für sie
beten?"

Manchmal schien ein kleines Zeichen des Wiedererkennens, ein Schimmer des Verstehens dazusein. Meistens jedoch blieben ihre Augen ausdruckslos, und
ihre Hände erwiderten nicht mehr unsere Berührung.
Vater sah sie an und sagte dann leise: „Ich weiß, daß
du so vieles gerne sagen würdest, aber du kannst nicht
– es ist schon gut, wir sind bei dir." Während dieser
Worte spürte ich deutlicher denn je, wie brennend wir
nach einer Antwort verlangten; nur kurz, ein Wort, ein
Nicken, ein Lächeln, eine Handbewegung. Es war, als
bettelten wir um mehr Kontakt.

Wie sehr verlangt der Mensch nach Kontakt! Nach
dreißig, vierzig oder gar fünfzig Jahren gemeinsamen
Lebens mit seinen unzähligen Gesprächen, Diskussio-
nen und Stunden vertrauten Sich-Austauschens wollten wir noch ein Zeichen. Wir hegten die Hoffnung,
daß uns Mutter vielleicht noch einmal segnen würde.
Manchmal fühlte ich mich schuldig, weil ich von ihr
ein zusätzliches Geschenk verlangte, wo sie uns doch
so viel gegeben hatte. Ja ich fühlte mich selbstsüchtig
und habgierig. Jedoch der Wunsch war da, stark und
nachdrücklich, aber wir mußten langsam hinnehmen,
daß sie uns genug gegeben hatte, mehr als genug.

Wie die Stunden vergingen, wurde klar, daß Mutter
im Sterben lag, daß wir von ihr niemals mehr ein Wort

oder ein Zeichen erhalten würden. Wenngleich wir es schon an den vergangenen drei Tagen gewußt hatten, jetzt wurde es endgültig. Keine neuen Möglichkeiten wird es mehr geben, Dank oder Bedauern, Freude oder Trauer auszudrücken. Keine Gelegenheiten werden mehr bestehen, etwas zu ändern. Niemals mehr. Ihr Leben kam an ein Ende, und unsere Beziehung zu ihr zog sich ins Reich der Erinnerung zurück. Uns wurde klar, daß die Art und Weise, in der wir ihr Gatte, Sohn oder Tochter waren, jetzt ein für allemal festgelegt war. Die Frage war nun nicht mehr: „Wie leben wir mit ihr", sondern: „Wie gedenken wir ihrer."

Wie wir sie ansahen – sie lag da, vom Ringen völlig erschöpft, kurz und stoßweise atmend –, bemerkten wir, wie sich in unserer Erinnerung alles, was gewesen war, zusammenzufassen begann. Mein Vater schaute mich an und sagte ganz leise: „Ich sehe mein ganzes Leben mit deiner Mutter vor meinen Augen vorbeiziehen: das erste Mal, als wir uns begegneten, unsere ersten glücklichen Tage, unsere ersten kleinen Meinungsverschiedenheiten und Streitigkeiten, die harten Tage gemeinsamen Arbeitens, deine Geburt und alles, was danach kam bis jetzt... Ich sehe es vor mir wie ein kleines Bild, das ich betrachten kann." Als ich ihn anblickte, empfand ich am eigenen Leib, wie kurz das Leben ist: ein Aufleuchten, ein Moment, ein Atemzug... Ankunft und Abreise... gestern und heute... alles zusammengepreßt in einem Augenblick. Ein einzigartiger Moment voll Zärtlichkeit und Innigkeit. Hier sprach durchaus nicht der Weise zum Einfältigen, der Alte zum Jungen, der Erfahrene zum Unerfahrenen.

Hier gab es nicht länger weise und einfältig, alt und jung, erfahren und unerfahren. Hier im Angesicht des Todes waren wir tatsächlich gleich und empfanden unser Gleichsein als eine Gnade.

Das Ende kam sehr friedlich. Ich war aus dem Zimmer gegangen, um zu telefonieren, während mein jüngster Bruder und meine Schwester draußen auf dem Korridor des Krankenhauses zwischendurch ein paar Schritte machten und ein paar Worte wechselten. Mein Vater und mein jüngerer Bruder saßen jeder an einer Seite von Mutters Bett und verfolgten ihr Atmen. Es war ganz ruhig geworden. Die Krankenschwestern hatten gerade das Bett gerichtet, Mutters Hände und Gesicht gewaschen und ihr Haar gekämmt. Alles war ganz still geworden.

Es war sechs Uhr abends. Vater betrachtete Mutter sehr aufmerksam und erwartete, daß sie noch mehrere Stunden leben würde. Bald aber bemerkte er ein plötzliches Langsamerwerden ihrer Atemzüge, sah, wie ihre Halsmuskeln sich noch zweimal bewegten und stellte fest, daß sie zu atmen aufgehört hatte. Alles war still, ganz still. Vater beugte sich nieder, küßte ihre Hand und weinte. Dann sagte er zu meinem Bruder: „Sie ist gestorben. Ruf deine Brüder und deine Schwester!" Wir stellten uns um ihr Bett und sprachen dieselben Gebete, die wir schon während der vergangenen Tage gebetet hatten. Jetzt aber fügte ich zum erstenmal die Worte hinzu, die wir in den nächsten langen Tagen noch oft sprechen sollten: „Das ewige Licht leuchte ihr, Herr, laß sie ruhen in Frieden."

Sie hatte einfach aufgehört zu atmen. Das war alles.

Mit sorgfältig gewählten Worten berichtete uns Vater von den letzten Sekunden ihres Lebens, wie das Ende mit einem leichten Zittern ihres Halses eintrat. „Es war kaum zu bemerken", sagte er mit einem sanften Lächeln in seinen Augen. Es war so undramatisch, so ruhig. Es war kein besonderes Ereignis. Für einen Augenblick war ich traurig, weil ich nicht im Zimmer gewesen war. Dann aber sah ich ein, daß ich dankbar dafür sein sollte, daß Vater und Mutter sich in diesem letzten Augenblick so nahe waren, und daß es ein Geschenk war, wenn Vater berichten konnte, wie Mutter starb.

V

Es war ein trüber Samstagmorgen. Als ich die Vor-
hänge in meinem Schlafzimmer zur Seite zog und einen dichten Nebel über den Feldern liegen sah, dachte
ich daran, daß es für viele Leute schwierig sein würde,
dieses kleine, abseits gelegene Städtchen zu erreichen.
Um elf Uhr ist Mutters Begräbnis. Nach dem Trauergottesdienst werden wir sie auf dem Friedhof neben
der alten Kirche, die im Krieg zerstört war, begraben.

Wie ich in den Nebel hinaussah, versuchte ich, mir
genau bewußtzumachen, was ich an diesem Tag empfand. Aber es war schwierig, an mein eigenes Innenle-
ben heranzukommen. Die Trauer des Abschieds be-
gleitete die Freude darüber, Freunde begrüßen zu können, die aus allen Richtungen kamen, um mit uns zu
beten. Es war der Tag, der uns – meine Familie, mich
selbst und meine Freunde – daran erinnerte, daß Mutter uns wirklich verlassen hatte, daß sie uns niemals
mehr das Frühstück richten, unsere Namen nennen
oder mit ihrem freundlichen Lächeln im Wohnzimmer
erscheinen würde. Ich mußte die Wahrheit, daß sie
uns verlassen hatte, tief in mein Herz hineinlassen.

Meine Gedanken kehrten zu einem der schwierig-
sten und traurigsten Augenblicke dieser Woche zurück. Es geschah, als ich mit meinem Vater wieder in

unser Haus kam. Während der dreiviertelstündigen Fahrt vom Krankenhaus in das Landstädtchen, in dem meine Eltern in den letzten acht Jahren wohnten, hatten wir ruhig von Mutter gesprochen. Beim Einbiegen in die Nebenstraße, die zu unserem Haus führte, empfand ich plötzlich eine tiefe, innere Traurigkeit. Die Tränen kamen mir, und ich wagte nicht, zu meinem Vater hinüberzusehen. Wir verstanden beide. Sie wird nicht zu Hause sein. Sie wird nicht die Haustür öffnen und uns umarmen. Sie wird uns nicht fragen, wie der Tag gewesen war, uns nicht zu Tisch bitten und uns Tee einschenken. Ich spürte eine ängstliche Spannung, als mein Vater in die Garage fuhr und wir dann die Treppe zur Haustür hinaufgingen. Beim Eintreten wurde uns plötzlich deutlich: Das Haus war leer geworden.

Das große Wohnzimmer mit den vertrauten Bildern schien sich in ein Wartezimmer verwandelt zu haben, die Schlafzimmer in Gästezimmer, die Küche in einen kalten, stillen Ort. Ich ging von Zimmer zu Zimmer und spürte, wie es mich am ganzen Körper schauderte. Alles, was viele Jahre Zeichen ihrer Anwesenheit war, sprach jetzt von ihrer Abwesenheit. Alles, was mir immer zu erkennen gab, daß sie zu Hause war, bedeutete mir jetzt, daß ich ihre warme Stimme nie mehr hören würde.

Ich ging in ihr kleines Arbeitszimmer und sah die vielen Familienbilder. Als ich die Aufnahmen von meinen Brüdern, meiner Schwester und mir selbst betrachtete, wurde mir klar, daß es plötzlich andere Photographien waren, die eine andere Geschichte erzählten. Ich setzte mich an ihren Schreibtisch und las einige Notizen, die sie an den Tagen kurz vor der Einlieferung ins Krankenhaus geschrieben hatte. Auf einmal war mir deutlich, daß sie mir jede Woche geschrieben hatte und ich von ihr nun niemals mehr einen Brief erhalten würde. In einer Schublade fand ich Karten und Umschläge mit meinem Namen darauf in ihrer Handschrift. Ich versuchte mir vorzustellen, wie oft sie an mich gedacht haben mag, wenn sie hier saß. Erst jetzt vermochte ich mir klarzumachen, daß ich ein anderer Mensch geworden war, ein Mensch ohne Mutter, auf eine neue Weise allein.

Ich fragte meinen Vater: „Möchtest du eine Tasse Kaffee?" – „Ich mache ihn", erwiderte er. Als wir uns mit der Tasse in der Hand hinsetzten, fühlten wir uns für einen Moment wie in einem fremden Haus.

An diesem Abend nahm ich ihr Gebetbuch und fragte meinen Vater: „Wollen wir die Gebete sprechen, die ich mit Mutter betete, wenn ich zu Hause war?" – „Ja", sagte er, und so rezitierten wir gemeinsam den Abendpsalter, den sie vor dem Schlafengehen gebetet hatte.

In den folgenden Tagen erinnerte uns vieles im Haus und draußen immer wieder an sie. Die Zeit zwischen ihrem Tod und ihrem Begräbnis führte uns vor Augen, auf wievielerlei Weise sie uns verlassen hatte. Was jahrelang so sichtbar, selbstverständlich und normal war, war nun Gegenstand der Erinnerung. Oft schienen die kleinen Dinge die schmerzlichsten zu sein, die kleinen Gebräuche, die Teil unseres gemeinsamen Lebens geworden waren: die Art, wie sie den

Tisch deckte, die Zeit, zu der sie uns zum Kaffee rief, die Stunde, zu der sie in die Kirche ging. So starb sie jede Stunde, jeden Tag von neuem in uns.

Als der Samstag schließlich da war, ahnte ich, daß der Trauergottesdienst und das Begräbnis die erste Gelegenheit sein würde, Mutters Tod zum Anfang von etwas Neuem werden zu lassen, ein Anlaß, die ersten sichtbaren Zeichen einer neuen Hoffnung und eines neuen Lebens mit anderen zu teilen. Ja, ich empfand eine gewisse freudige Erwartung, als ich über die nebelverhangenen Felder schaute. Bald werden wir ihr Leben feiern, Dank sagen für alles, was sie uns bedeutete, und die Leute im Dorf, die Familienangehörigen und Freunde in unserem Kummer, aber auch in unserer Hoffnung einschließen.

Zum Gottesdienst war die Dorfkirche dicht gefüllt. Alle Bänke waren besetzt, und auch in den Seitenkapellen und auf der Empore standen Menschen. Als ich die Kirche betrat und dann die liturgischen Gewänder anlegte, machte ich eine Erfahrung, für die ich noch keine Worte fand.

Bald werde ich für meine Mutter die heilige Eucharistie feiern. Und sie war es doch, die in mir den Wunsch geweckt hat, Priester zu werden, und mit ihr habe ich so oft die heilige Messe gefeiert.

Bald werde ich als letzten Abschiedsgruß ihren Leichnam mit Weihwasser segnen und mit Weihrauch inzensieren, und sie war es doch, die mich so oft während ihres Lebens gesegnet hat.

Bald werde ich Hoffnung und neues Leben all denen verkünden, die sie hier durch ihren Tod zusammengeführt hat. Viele von ihnen werden dann die Frohbotschaft Christi zum erstenmal nach vielen Jahren wiederhören.

Ich war überwältigt von der einfachen Vorstellung, daß dieser Gottesdienst, dem ich mit Ängsten entgegengesehen hatte, keine Stunde der Furcht und Angst sein wird, sondern ein Anlaß zu Frieden und Trost.

Bald wird meine eigene Mutter ins Grab gelegt, werde ich zu meinen Freunden von ihr sprechen, Gott Lob und Dank sagen und Brot und Wein darreichen als Zeichen seiner immerwährenden Liebe zu uns.

Der Gottesdienst war eine wirkliche Feier, genau wie mein Vater gehofft hatte. Die Worte der Liturgie, die feierliche Musik, die Lieder der Gemeinde und die göttlichen Geschenke der Eucharistie ließen ihn zu einem Augenblick werden, in dem die Güte des Gottes der Liebe sich bestätigte und unsere trauernden Herzen sich in Dankbarkeit erhoben.

Aber vielleicht noch mehr als bei der festlichen Feier in der Kirche überströmte uns beim Gang zum Friedhof ein unermeßliches Gefühl von Gottes Gegenwart. Nach unseren Gebeten und Liedern war es die sich verändernde Natur, die in dieser Stunde des Abschieds das Lob Gottes sang. Gerade in dem Augenblick, da der Trauerzug mit dem Sarg die Kirche verließ, lichtete sich der Nebel, die Sonne brach hervor und ließ die grünen Wiesen in hellem Licht erscheinen. Als die Prozession langsam auf ihrem feierlichen Weg zum Friedhof dahinzog, wurden Trauernde zu Tänzern. Die jungen, über die Felder galoppierenden Pferde, die in der Luft sich jagenden Vögel, die sanft im Wind schwankenden Pappeln und das frohe Schreien der Kinder auf der Straße – das alles erinnerte uns an den Gott des Lebens. Auch diejenigen, die noch immer von Trauer und Schmerz ergriffen waren, sahen sich durch diese untrüglichen Zeichen der Lebenskraft der Natur aus ihrem In-Sich-versunken-Sein herausgeholt. Ich hatte das Gefühl, daß diese Prozession zum Friedhof der kürzeste Gang war, der sich am längsten dem Gedächtnis einprägte.

Unmittelbar hinter dem Kreuz gingen meine Neffen, die kleinen Marc und Reinier: zu jung, um zu trauern, doch alt genug, um Weihwasserkessel und -wedel in der Überzeugung zu tragen, etwas Wichtiges für ihre Großmutter zu leisten. Vor mir gingen der Pfarrer der Gemeinde und der älteste Bruder meiner Mutter in ihren Priestergewändern. Hinter mir trugen meine Brüder Paul und Wim, mein Schwager Marc und vier Nachbarn den Sarg. Ich spürte die Nähe meines Vaters, meiner Schwester Laurine, meiner Schwägerinnen Marja und Heiltjen und meiner kleinen Nichte Frederique. Sie folgten dem Sarg so dicht, daß sie die Blumen, mit denen er bedeckt war, hätten berühren können. Während des Gehens ließ ich den silbernen Rosenkranz meiner Mutter, den mir Vater tags zuvor gegeben hatte, durch die Finger gleiten. Es war schwierig, sich auf etwas Bestimmtes zu konzentrieren. Das Geräusch des Windes und die Laute der spielenden Kinder vermischten sich mit den Gebeten der langen Prozession. Es war traurig und freudig, fremd und vertraut, alt und neu, ernst und heiter, sehr hart und sehr leicht. Ich ließ diese gegensätzlichen Bilder sich in

Herz und Sinn verschmelzen, ohne sie in eine Ordnung bringen zu wollen.

Auf dem Friedhof blieb nicht mehr viel zu tun oder zu sagen. Ein einfaches Gebet, ein Wort des Dankes, ein stiller Blick auf den Ort, zu dem ich in den kommenden Jahren noch viele Male zurückkommen werde. Mein letzter Eindruck war der eines Meeres von Blumen, weiße, gelbe, rote, purpurfarbene Blumen. Nachdem alle gegangen waren, standen mein Vater und ich noch kurze Zeit am Grab und betrachteten diese Blumen. Sie bedeckten das kleine Stückchen Erde, in dem Mutter jetzt lag. Damals und dort mußte ich wieder lernen, daß Mutter tot war, von uns gegangen, nicht mehr da. Tränen kamen mir, ich fühlte mich sehr allein und traurig. Ich konnte nur jene Worte wiederholen, die schon Jahrhunderte hindurch gesprochen wurden: „Das ewige Licht leuchte ihr, Herr, laß sie ruhen in Frieden!"

VI

Drei Tage später kehrte ich in die Vereinigten Staaten zurück. Nur zwei Wochen waren vergangen, seit ich vom John-F.-Kennedy-Flughafen abgeflogen war, wenngleich eine Ewigkeit verflossen zu sein schien. Während des achtstündigen Flugs überwältigte mich ein tiefes Verlangen nach Schlaf. Die Ängste, Spannungen und Sorgen wie auch die Gefühle der Freude, Dankbarkeit und Liebe hatten mich so erschöpft, daß ich nur den einen Wunsch kannte, alles zu vergessen und nach Hause zu kommen.

Aber ging ich wirklich nach Hause? Als ich durch die endlosen Gänge des Kennedy-Flughafens schritt, mich in eine Menschenschlange zur Zollabfertigung einreihte und dann ein Taxi für die Fahrt nach New Haven rief, fühlte ich mich mehr denn je als Fremder. Die geschäftige Menge Tausender kommender und gehender Menschen war dieselbe geblieben. Aber dieses Mal konnte ich nicht anders, als mich zu fragen: „Was soll ich hier? Warum komme ich in dieses fremde Land? Was veranlaßt mich, so weit weg von denen, die sich am meisten um mich sorgen, zu leben und zu arbeiten?"

Es ging mir langsam auf, daß sie, die jede meiner Entscheidungen miterlebte, über jede meiner Reisen sprach, jeden Artikel und jedes Buch, das ich schrieb, las, die mein Leben für so wichtig wie das ihre erachtete, nun nicht mehr da war. Nach und nach wurde mir bewußt, daß Mutter, obschon weit weg, immer Teil meiner Wege gewesen war und daß ich die Welt tatsächlich durch ihre Augen betrachtet hatte; sie, der ich alles erzählen konnte. Ich begann zu spüren, daß der Flughafen, das Taxi, die lange Fahrt zu meiner Wohnung und all die kleinen Schwierigkeiten nichtig geworden waren, weniger bedeutungsvoll, in gewisser Hinsicht sogar absurd, weil der immer bestehende Dialog mit ihr plötzlich abgebrochen war. Dennoch ertappte ich mich bei dem Gedanken: „Ich sollte ihr davon schreiben", oder: „Sie wird diese Geschichte bestimmt gern hören, wenn ich zu Weihnachten nach Hause komme", ohne zu bemerken, daß sie nie wieder meine Briefe lesen und dem, was ich zu erzählen hatte, nie wieder zuhören würde. Was haben meine Reisen noch für einen Wert, meine Vorlesungen, meine Erfolge und Niederlagen, meine Auseinandersetzungen und Freuden, wenn alles ohne Widerhall bleibt?

Die Rückkehr in die Vereinigten Staaten war eine Rückkehr zu meinem Schmerz. Natürlich habe ich noch meinen Vater; und er liebt mich um nichts weniger als meine Mutter. Gewiß sind da auch meine Brüder, meine Schwester und meine vielen Freunde, die mich mit ihrer Liebe und ihrer Anteilnahme umgaben. Aber jetzt, da ich zurückgekehrt bin, war es ihr Nichtmehr-Dasein, das meine Gefühle beherrschte, und ich wußte, daß die Zeit für mich gekommen war, zu lernen, wie diese Welt mir wieder zur Heimat werden kann.

Als ich endlich spät nach Mitternacht in mein Zimmer kam, betrachtete ich ihr Bild an der Wand und nahm eigentlich zum erstenmal die vielen Dinge richtig wahr, die sie mir im Laufe der Zeit geschenkt hatte. Es fiel mir schwer, mir vorzustellen, daß Vater und sie erst vor ein paar Wochen in diesen Sesseln saßen und über all die Nebensächlichkeiten sprachen, in denen sich unsere Liebe zueinander widerspiegelte.

Die folgenden Wochen sind schwierig zu beschreiben. Mühe, Kummer, Trauer und vielerlei Hin und Her gehörten natürlich ebenso dazu wie Freude, Dankbarkeit, neue Einsichten und schöne Erinnerungen. Ich mußte dagegen ankämpfen, allzuschnell in den gewöhnlichen Alltag zurückzufallen. Mir fiel Dr. Richard Cabot ein, der am Tag nach dem Tod seiner Frau eine Vorlesung hielt, als ob nichts geschehen sei.

Und doch fühlte ich mich gleichsam gedrängt, dies als das Ideal anzusehen, das es zu erreichen gilt. Aber äußere Umstände kamen mir zuvor, dem Beispiel Cabots nachzueifern. Statt dessen war ich in der Lage, ein wenig „nutzlose" Zeit mit mir selbst zu verbringen. Ich hielt das für wichtig, denn ohne dies hätte ich leicht der Versuchung unterliegen können, zu meinen, „daß tatsächlich nichts geschehen wäre und sich nichts geändert hätte". In einer Gesellschaft, die viel eher dazu neigt, einem den Schmerz verbergen zu helfen als einen durch ihn wachsen zu lassen, bedarf es einer ausdrücklichen Anstrengung zum Trauern. Vorbei sind die Zeiten, da Trauernde dunkle Kleider trugen und sich viele Monate vom öffentlichen Leben zurückzogen. Aber ich spürte, daß ich nur mit ausdrücklicher Disziplin der Versuchung nicht nachgab, dem Alltag wieder zu verfallen und so meine Mutter selbst gegen meinen Willen zu vergessen.

Doch ich weiß, daß ich nicht vergessen darf, daß ich ihrer gedenken muß, auch wenn damit Schmerz, Kummer und Trauer verbunden sind. Die Jünger Jesu sonderten sich von den Leuten vierzig Tage lang ab und versuchten zu verstehen, was geschehen war. Diese lange Zeit des Trauerns war nötig, um den Geist empfangen zu können. Erst nach diesem langen und schmerzlichen Kummer konnten sie den großen Trost empfangen, den ihnen der Herr versprochen hatte. Denn erst nachdem sie aufgehört hatten, sich an ihren Herrn zu klammern, konnte der Geist in ihre Herzen herabkommen.

Wenn Mutters Sterbenskampf und Tod wirklich ein Hinsterben mit Christus waren, darf ich dann nicht hoffen, daß sie ebenso an der Sendung des Geistes teilhat? Je tiefer ich mich in meinen Schmerz versenkte, desto mehr wurde mir bewußt, daß etwas Neues geboren wurde, etwas, das mir vorher unbekannt war. Ich begann mich zu fragen, ob Jesus seinen Geist nicht immer sendet, wenn jemand uns verläßt, mit dem wir in Liebe verbunden sind.

Mutter zu vergessen hieße, es ihr zu verbieten, mir den Geist zu senden, es ihr nicht zu erlauben, mich auf eine neue Ebene der Einsicht und des Verstehens hochzuheben. Ich begann die Kraft der Worte Jesu zu spüren: „Es ist gut für euch, daß ich fortgehe. Denn wenn ich nicht fortgehe, wird der Beistand nicht zu euch kommen; gehe ich aber, so werde ich ihn zu euch senden... Wenn aber jener kommt, der Geist der Wahrheit, wird er euch in die ganze Wahrheit führen" (Joh 16,7.13).

Gereicht es zum Guten, daß Jesus starb, daß meine Freunde und Verwandten starben, daß meine Mutter starb? Bin ich in der Lage, mit meinem ganzen Wesen zu bezeugen, daß der Tod in und durch Christus der Weg geworden ist, auf dem der Geist zu uns kommt? Muß ich trauern und mich grämen, um bereit zu sein, den Geist zu empfangen, wenn er kommt?

Solche Fragen stellten sich mir sehr deutlich während dieser verwirrenden Wochen nach Mutters Tod. Ich sagte mir: „Dies ist die Zeit, auf den Geist der Wahrheit, der kommen wird, zu warten, und wehe mir!, wenn ich sie davon abhalte, Gottes Werk an mir zu tun, indem ich sie vergesse." Ich spürte, daß viel mehr auf dem Spiel stand als ein kindlicher Akt der Erinnerung, viel mehr, als meine Mutter zu ehren, viel mehr, als ihrem wunderbaren Beispiel zu folgen. Genau gesagt, es war das Leben des Geistes in mir, das auf dem Spiele stand. Sich an sie erinnern bedeutet nicht, meinen Freunden immer und immer wieder von ihr zu erzählen, und heißt auch nicht, Bilder an der Wand oder auf ihrem Grabstein anzubringen; es bedeutet nicht einmal, dauernd an sie zu denken. Nein. Es bedeutet, sie zu einem Teil von Gottes fortwährendem Erlösungswerk werden zu lassen, indem ich es ihr erlaube, ein kleines bißchen der Dunkelheit in mir zu vertreiben und mich ein wenig näher zum Licht zu führen. In diesen Wochen der Trauer starb sie in mir Tag für Tag mehr und machte es mir unmöglich, mich an sie als meine Mutter zu klammern. Aber indem ich sie losließ, verlor ich sie dennoch nicht. Ich erkannte vielmehr, daß sie mir näher ist als je zuvor. In und durch den Geist Christi wird sie wirklich zu einem Teil meines innersten Wesens.

Ich bin wieder bei meiner Arbeit: Lehren, Lesen, Schreiben, Lachen und Sich-Ärgern. Alles erscheint genauso wie vor fünf Wochen. Doch die Dinge sind nicht dieselben. Mutter ist gestorben, und es war zu meinem eigenen Wohl, daß sie gegangen ist. Immer weniger spreche ich von ihr, selbst in meinen Gedanken hat sie nicht mehr den ersten Platz – und doch habe ich sie nicht vergessen. Mich an sie jetzt zu erinnern bedeutet eine größere Bereitwilligkeit, den Geist der Wahrheit zu empfangen und klarer meine Berufung zu sehen.

Es gibt so viel Dunkelheit, die es zu vertreiben, so viel Täuschung, die es aufzudecken, so viel Ungewißheit, die es zu klären gilt. Mutters Tod ist Gottes Weg zu meiner Umkehr, zu meinem Freiwerden in seinem Geist. Das alles ist noch sehr neu. Vieles ist in diesen Wochen geschehen, doch was sich in den kommenden Monaten und Jahren ereignen wird, ist weit mehr, als ich heute verstehen kann. Ich warte noch, empfange aber doch schon, hoffe noch, besitze aber doch schon, frage mich noch, weiß aber doch schon.

Manchmal überrasche ich mich beim Träumen mit offenen Augen von tiefgreifenden Veränderungen, neuen Anfängen und großen Bekehrungen. Doch ich weiß, daß ich geduldig sein und ihr, die mir so vieles durch ihr Leben beigebracht hat, erlauben muß, mich noch mehr durch ihren Tod zu lehren.

Worte zum Trost

Ein Wort zuvor

Dieser Brief wurde sechs Monate nach dem Tod meiner Mutter geschrieben. Ich schrieb ihn meinem Vater zum Trost. Dabei dachte ich nicht daran, ihn zu veröffentlichen. Aber jetzt, drei Jahre später, fühle ich mich gedrängt, es zu tun, weil ich den aufrichtigen Wunsch habe, diesen Brief allen zu schenken, die den Schmerz erleiden, den der Tod bringen kann, und die nach neuem Leben suchen. Während der letzten Jahre wurde mir auf neue Weise bewußt, was es bedeutet, füreinander zu leben und zu sterben. Als dieses Bewußtsein in mir wuchs, begann ich mich zu fragen, ob die Früchte unseres Kummers nur von uns selbst genossen werden sollten.

Wie andere Briefe hat auch dieser seine eigene Geschichte, und ich möchte seiner Veröffentlichung einige Erklärungen voranschicken, warum ich mich dazu entschloß, ihn zu schreiben.

Kurz nach dem Begräbnis meiner Mutter im Oktober 1978 kehrte ich aus Holland in die Vereinigten Staaten zurück. Während der Tage, in denen meine Mutter im Sterben lag, und während der Tage unmittelbar nach ihrem Tod versuchte ich, meiner Familie und jedem, der mir Freundschaft und Liebe entgegenbrachte, soviel Aufmerksamkeit wie möglich zu schenken. Doch in die Vereinigten Staaten zurückgekehrt, weit weg von zu Hause, ermunterte mich der geschäftige Universitätsbetrieb gewiß nicht, auf meine eigene innerste Stimme zu hören. Eines Tages aber, als ich mich zwischen zwei Verabredungen eine Weile in meinem Büro ausruhte, wurde mir plötzlich klar, daß ich vor oder nach Mutters Tod nicht eine einzige Träne vergossen hatte. In diesem Augenblick erkannte ich, daß mich die Welt so sehr in ihrer Gewalt hatte, daß sie nicht einmal zuließ, das persönlichste, tiefste und geheimnisvollste Ereignis meines Lebens ganz zu erfahren. Es war, als sagten Stimmen um mich herum: „Du mußt weitergehen. Das Leben geht weiter; Menschen sterben, aber du mußt weiterleben, weiterarbeiten, weiterkämpfen. Vergangenes läßt sich nicht wiederholen. Schau nach vorn!"

Ich gehorchte diesen Stimmen: Ich hielt meine Vorlesungen mit derselben Begeisterung wie zuvor; ich führte weiterhin Gespräche mit den Studenten und beschäftigte mich mit ihren Problemen, als wäre nichts geschehen; und ich arbeitete mit der gleichen Besessenheit, die mein Leben prägte, seit ich zu unterrichten begonnen hatte. Aber dann wurde mir klar, daß es so nicht weitergehen könne, wollte ich mich und meine Mutter wirklich ernst nehmen. Durch einen glücklichen Zufall – nein, durch ein gnadenreiches Geschenk Gottes – hatte ich eine sechsmonatige Zeit der Einkehr und Besinnung bei den Trappistenmönchen der Genesee-Abtei geplant. Sie war mir während der letzten Jahre zu einem zweiten Zuhause geworden.

Als ich im Januar im Kloster ankam, wußte ich, daß

dies meine Zeit der Trauer sein würde. Bei verschiedenen Gelegenheiten, als ich in meinem kleinen Zimmer saß, umgeben von der tiefen Stille des Klosters, bemerkte ich, wie mir Tränen in die Augen kamen. Ich verstand das nicht ganz. Ich dachte nicht an meine Mutter, erinnerte mich nicht an ihre Krankheit, ihren Tod, ihr Begräbnis. Aber aus einer unergründlichen Tiefe, an die ich nie gelangen könnte, brach Kummer hervor und suchte sich Ausdruck in sanfter Trauer.

Tage und Wochen vergingen, als ich das wachsende Bedürfnis verspürte, den Verlust, an den mich meine Tränen erinnerten, vollständiger und unmittelbarer zu durchleben. Doch ich wollte dies nicht allein tun. Ich wollte dies mit jemandem zusammen tun, der wirklich verstehen konnte, was in mir vorging. Und wer konnte mich besser verstehen als mein eigener Vater? Es war ein klarer und einfacher Entschluß, weil mir seine Briefe nach dem Tod meiner Mutter zur wirklichen Quelle des Trostes geworden waren. In diesen Briefen hatte er mir über seine Trauer und seine Anstrengungen berichtet, ein neues, sinnvolles Leben ohne sie aufzubauen. Vielleicht konnte ich ihm Erleichterung und Trost geben, indem ich meinen Schmerz mit dem seinen verband.

So begann ich, meinem Vater diesen Brief zu schreiben, einen Brief, indem ich mit ihm über sie sprach, die wir beide so sehr liebten, einen Brief, in dem ich ihm meine Liebe und Zuneigung zeigte, einen Brief, in dem ich ihm einige meiner Überlegungen über Mutters Tod darlegte – kurz, einen Trostbrief. Ich schrieb und schrieb und schrieb. Gleich, als ich begann, er kannte ich, wieviel ich fühlte, wieviel ich sagen wollte und wieviel während der sechs Monate seit Mutters Tod verborgen geblieben war.

Wem schrieb ich diesen Brief? Meinem Vater, gewiß. Aber ich schrieb ihn ebenso mir selbst. Wer wurde getröstet? Mein Vater, ich weiß. Doch als ich schließlich die letzten Worte niederschrieb, wußte ich, daß ich bestimmt ebensoviel und vielleicht sogar noch mehr Erleichterung und Trost empfangen hatte als er. Bei vielen Briefen ist es so: sie berühren den Schreiber und den Empfänger gleichermaßen.

Jetzt ist mir bewußt, daß dieser Brief für meinen Vater geschrieben werden mußte, für mich und vielleicht auch für viele andere, die vor denselben Fragen stehen, die wir uns stellen. Als ich meinen Vater zweieinhalb Jahre, nachdem dieser Brief geschrieben wurde, fragte, was er davon hielte, ihn als kleines Büchlein anderen zugänglich zu machen, sagte er: „Wenn du meinst, daß dein Schreiben über Mutters Tod und über unsere Trauer auch anderen Menschen eine Quelle der Hoffnung und des Trostes sein kann, scheu dich nicht, diese Zeilen zu veröffentlichen!"

Und so kam ich nach manchem Überlegen und mancher Ermutigung von seiten meiner Freunde zu der Überzeugung, daß es gut wäre, den Brief aus der Vertraulichkeit meines eigenen Lebens und des Lebens meines Vaters herauszunehmen und ihn allen darzureichen, die dieselbe Dunkelheit kennen und nach demselben Licht suchen.

Ich hoffe und bete, daß ich mich richtig entschieden habe.

Lieber Vater!
Nächsten Montag ist es ein halbes Jahr her, seit Mutter starb. Es wird der Anfang der Karwoche sein, und wir beide werden uns auf die Feier des Osterfestes vorbereiten. Wie wird dieses Osterfest für uns werden? Du wirst in der Pfarrkirche unserer kleinen Stadt in Holland den Bericht von Christi Auferstehung hören, und ich werde dieselbe Geschichte den Mönchen und Gästen in einem Trappistenkloster nahe New York vorlesen. Wir werden beide auf die Osterkerze, das Symbol des auferstandenen Christus, schauen und nicht nur an ihn, sondern auch an sie denken. Unser Geist und unser Herz werden überströmen von Gedanken und Gefühlen, die zu tief, zu vielschichtig und zu persönlich sind, um sie ausdrücken zu können. Aber ich bin mir sicher, daß wir beide an die Osterzeit des vergangenen Jahres denken werden, als sie noch bei uns war. Wir werden uns daran erinnern, wie sehr sie dieses große Fest liebte und wie sie das Haus mit Blumen und den Eßzimmertisch mit purpurroten und gelben Bändern schmückte. Irgendwie erscheint das alles sehr, sehr lang her zu sein. Empfindest Du das nicht auch so? Die letzten sechs Monate könnten ebensogut sechs Jahre gewesen sein. Ihr Tod verän-

derte unser Zeitgefühl; die kurze Zeitspanne vom vergangenen Oktober bis zu diesem April erschien als eine seltsame Zeit, in der die Tage, Wochen und Monate genauso lang waren wie für ein kleines Kind, das seine ersten Schritte macht. Wir mußten noch einmal leben lernen. Jede „normale" Erfahrung wurde für uns eine neue Erfahrung. Sie war gleichsam „erstmalig".

Wie oft haben wir diese Worte gebraucht! Das erste Weihnachtsfest ohne Mutter, der erste Neujahrstag ohne Mutter, der erste Jahrestag der Hochzeit ohne Mutter. Und jetzt werden es die ersten Ostern ohne Mutter sein. Ich weiß, daß Du Dich oft gefragt hast: „Wie wird es ohne sie sein?" Wir können uns kaum an ein Ereignis erinnern, ohne sie nicht als einen Teil davon zu sehen. Wir können nicht mehr im voraus sagen, was wir an diesen vertrauten Tagen und Gelegenheiten empfinden werden, denn sie sind uns nicht mehr vertraut. Sie sind uns unbekannt geworden. Mit einem Mal wissen wir, wie sehr ihre Gegenwart unsere Gefühle, unsere Gedanken und Empfindungen bestimmt hat.

Ostern war nicht nur ein besonderer Tag, der gefeiert wurde, sondern ein Tag, den man mit ihr feierte – ein Tag, an dem man ihre Stimme hörte, ihre Briefe erwartete, ihre tätige Gegenwart verspürte, so sehr, daß wir nicht zu unterscheiden vermochten zwischen der Freude, die uns das Fest bereitete, und der Freude für uns, daß sie bei dem Fest dabei war. Sie wurden zu ein und derselben Freude. Aber jetzt sind wir gezwungen zu unterscheiden, jetzt sind wir wie Kinder geworden, die lernen müssen, etwas zum erstenmal selbständig zu tun.

Neue Erfahrungen wie diese haben die letzten sechs Monate zu einer merkwürdigen Zeit für uns werden lassen. Ihr Tod wurde für uns zu einem Tod ohne Ende. Jedesmal, wenn wir etwas Neues ohne sie erlebten, spürten wir ihre Abwesenheit auf neue Weise. Wir erkannten die tiefen Bindungen zu ihr, die wir für eine Weile vergessen hatten, von der Vorwärtsentwicklung der Geschichte aber wieder zurück ins Bewußtsein gebracht wurden. Und jedesmal starb sie von neuem in uns. Erinnerungen daran, was sie bei bestimmten Gelegenheiten getan, gesagt oder geschrieben hätte, ließen nur noch deutlicher spüren, daß sie nicht mehr bei uns war, und sie vermehrten unseren Schmerz.

Wahrer Schmerz wird von der Zeit nicht geheilt. Es ist falsch, zu meinen, der Lauf der Zeit würde uns langsam vergessen lassen und den Schmerz von uns nehmen. Ich möchte Dich mit diesem Brief wirklich trösten, aber nicht dadurch, daß ich Dir einrede, die Zeit würde Deinen Schmerz wegnehmen und in ein, zwei oder drei Jahren würdest Du sie nicht mehr so sehr vermissen. Ich würde nicht nur lügen, sondern die Bedeutung von Mutters Leben schmälern, die Tiefe Deines Leids unterschätzen und zu Unrecht die Kraft der Liebe relativieren, die Mutter und Dich siebenundvierzig Jahre lang verbunden hat. Wenn die Zeit etwas vollbringt, dann dies, daß sie unseren Schmerz nur vertieft. Je länger wir leben, desto deutlicher werden wir sehen, wer sie für uns war, und um so inniger werden wir erfahren, was uns ihre Liebe bedeutete. Tiefe Liebe ist – wie Du weißt – ganz unaufdringlich, scheinbar leicht und klar und so gegenwärtig, daß wir sie für selbstverständlich hinnehmen. Darum ist es oft nur im Rückblick – oder besser gesagt, in der Erinnerung –, daß wir uns ihrer Kraft und Tiefe voll bewußt werden. Ja, wirklich, Liebe zeigt sich oft im Leid. Das Leid, das wir jetzt erfahren, zeigt uns, wie tief, umfassend, innig und alles durchdringend ihre Liebe war.

Ist das ein Trost? Bringt das Linderung? Es scheint, daß ich genau das Gegenteil tue, als Trost zu geben. Mag sein. Vielleicht werden diese Worte nur Deine Tränen vermehren und Deinen Schmerz vertiefen. Aber für mich, Deinen Sohn, der mit Dir leidet, gibt es keinen anderen Weg. Ich möchte Dich aufrichten und trösten, aber nicht auf eine Art, die wirklichen Schmerz verdeckt und alle Wunden vermeidet. Ich schreibe Dir diesen Brief in der festen Überzeugung, daß man der Wirklichkeit getrost ins Angesicht blikken und sich auf sie einlassen kann mit einem offenen Geist und einem offenen Herzen wie auch mit dem aufrichtigen Glauben, daß Trost und Stärkung dort gefunden werden können, wo unsere Wunden am meisten schmerzen.

Wenn ich Dir daher schreibe, daß in unserem Sich-Erinnern nicht nur die ganze Tiefe von Mutters Liebe, sondern auch der ganze Schmerz um ihren Abschied offenbar werden, so tue ich das mit der mich quälenden Frage: „Warum starb sie vor uns? Warum sind wir es, die die Last des Schmerzes tragen müssen?" Du mußt Dir diese Frage selbst schon oft gestellt haben, hast Du doch in der sicheren Annahme gelebt, daß Du vor Mutter sterben würdest. Du meintest das, nicht einfach weil Du drei Jahre älter warst als sie oder weil ihre Gesundheit immer besser zu sein schien als die Deine, sondern weil Du spürtest, daß sie eher in der Lage sein würde, ohne Dich weiterzuleben, als Du ohne sie. Warum bist dann gerade Du derjenige, der wieder lernen muß, ohne sie zu leben, und warum bist gerade Du derjenige, der sie nicht nur durch die Freude ihrer Gegenwart, sondern auch durch den Schmerz ihrer Abwesenheit kennenlernen konnte? Sie blieb von der Sorge um Deinen Tod verschont; sie brauchte nie zu erfahren, was es heißt, ohne Dich zu leben. Die ganze Sorge hast Du zu tragen, und Du bist mit der erschreckenden Aufgabe betraut, ihre Liebe nicht nur im Leben, sondern auch im Tod zu entdecken. Warum? Obwohl ich neunundzwanzig Jahre jünger bin als Du und obwohl nach der „Logik des Lebens" Eltern vor ihren Kindern sterben, stellt sich mir diese Frage nicht anders, denn Liebe kennt keine „Uhrzeit".

Im Bewußtsein dieser bedrängenden Frage schreibe ich Dir diesen Brief. Mit Dir und für Dich möchte ich die Bedeutung ihres Todes und unseres Lebens ergründen, ihres Lebens und unseres Todes. In den Briefen, die ich von Dir seit ihrem Tod erhielt – Briefe, die reicher und ausführlicher sind als alles, was Du mir zuvor geschrieben hast –, hast Du selbst die Frage nach dem Tod gestellt. Seit wir ihr stilles Gesicht im Krankenhaus sahen, haben wir uns gefragt, was der

Tod wirklich ist. Mit dieser Frage hat uns Mutter zurückgelassen. Wir wollen uns auf sie einlassen, sie betrachten und bedenken wie auch in uns reifen lassen. Tun wir das, dann werden wir vielleicht fähig sein, einander zu trösten. Es wird ein harter Weg werden, aber wenn wir ihn gemeinsam gehen, brauchen wir wohl weniger zu fürchten. Deshalb freue ich mich, daß ich in diesem stillen und friedlichen Trappistenkloster die Gelegenheit habe, Dir diesen Brief zu schreiben. Und besonders froh bin ich darüber, Dir während dieser Tage schreiben zu können, da wir beide uns darauf vorbereiten, die Auferstehung unseres Herrn Jesus Christus zu feiern.

I

Es bedrückt mich oft, daß wir so weit voneinander entfernt leben. Obwohl ich immer gern in den Vereinigten Staaten war, habe ich doch seit Mutters Tod mehr denn je die große Entfernung gespürt, die es nicht zuläßt, Dir während dieser schwierigen Monate mehr Hilfe und Trost zu sein. Regelmäßige Briefe und gelegentliche Telefongespräche sind ein sehr ungenügender Ersatz für das Zusammensein. Das Widersprüchliche daran aber ist, daß sich diese weite Entfernung zwischen uns letztlich als ein verborgener Segen erweist. Wenn ich noch in Holland leben würde, Dich an jedem Wochenende besuchen und Dich jeden Tag anrufen könnte, dann hätte ich wohl nie die Möglichkeit gehabt, Dich meine innigen Gefühle für Mutter und für Dich wissen zu lassen. Ist es nicht so, daß sich innere Dinge leichter schreiben als sagen lassen? Ist es nicht viel schwieriger, unsere tieferen Gefühle einander am Frühstückstisch als über den Ozean hinweg mitzuteilen? Wir sind, seit Mutter gestorben ist, viele Stunden zusammen vor dem Fernsehapparat gesessen. Wir haben oft zu Hause oder in einem Restaurant miteinander gegessen. Wir haben gemeinsam kleine Ausritte durch die Wälder unternommen. Aber selten, ganz selten, haben wir über das gesprochen, was uns wirklich am Herzen lag. Es war, als ob die körperliche Nähe die geistige Nähe, nach der wir uns beide sehnten, verhinderte. Ich bin mir nicht sicher, ob ich das selbst ganz verstehe, aber wir sind bestimmt nicht die einzigen, für die das gilt. Körperliche und geistige Nähe sind etwas ganz Verschiedenes, die eine kann – muß es aber nicht immer – der anderen im Wege stehen. Die große Entfernung zwischen Dir und mir könnte uns dazu befähigen, eine Beziehung zu entfalten, wie Du sie bei Deinen anderen Kindern und ihren Familien nicht zu entfalten vermagst, obwohl sie ganz in Deiner Nähe leben.

Eine sichtbare Folge dessen, daß wir weit voneinander getrennt sind, sehe ich darin, daß Du begonnen hast, mir Briefe zu schreiben. Seit Mutter gestorben ist, schreibst Du nicht nur öfter, sondern Deine Briefe sind auch anders geworden. Das bedeutete mir sehr viel während der vergangenen Monate. Ich hatte mich so sehr an Mutters wöchentliche Briefe gewöhnt, in denen sie über die vielen großen und kleinen Ereignisse in der Familie berichtete und sich immer wieder für mein Leben mit seinem Auf und Ab interessierte, so daß ich mich fürchtete, als diese Briefe plötzlich ausblieben. Du schriebst gewöhnlich sehr selten, und wenn, dann waren Deine Briefe zumeist allgemeine, fast philosophische Überlegungen; sie gaben nicht viel von dem zu erkennen, was Du gerade tatst, was Dich beschäftigte oder bewegte. Es schien immer, als meintest Du, daß Mutter diejenige ist, die sich um die persönlichen Beziehungen kümmerte. Ich erinnere mich, wie oft Du gesagt hast, wenn die Stunde der Abreise in die Vereinigten Staaten wieder gekommen war und ich das Haus verließ: „Vergiß nicht, Mutter zu schreiben!" Es klang beinahe so, als wärst Du selbst nicht sehr daran interessiert, von mir zu hören, und wärst vor allem darum besorgt, daß Mutter und ich in enger Verbindung blieben. Ich glaube nicht, daß das stimmt, ganz im Gegenteil! Ich meine, daß Dir sehr daran lag, von mir zu hören, Du es aber gewöhnlich Mutter überlassen hast, das Interesse, die Sorge und die Zuneigung, die auch die Deine war, mir mitzuteilen. Ja, es war manchmal wirklich komisch. Jedesmal, wenn ich Dich anrief, war ich überrascht, daß Du wie selbstverständlich davon ausgingst, ich wollte in Wirklichkeit mit Mutter sprechen. Es war gar nicht so leicht, Dich länger als ein paar Sekunden am Telefon zu halten. Und kaum hattest Du mir wieder versichert, daß es Dir gut geht, sagtest Du meist rasch: „Also, ich gebe Dir jetzt Mutter!" Ich wußte, daß Du Dich über einen Anruf freust, aber Deine Freude schien von Mutters Freude und Dankbarkeit herzurühren.

Jetzt aber kannst Du Dich nicht mehr hinter ihr verstecken. Du bist aus ihrem Schatten herausgetreten. Du hast mir Briefe geschrieben, die genauso herzlich und persönlich waren wie die von Mutter. Ja noch mehr! Genauso, wie ich mich immer darauf freute, von Mutter Post zu bekommen, warte ich jetzt auf Deine Briefe. Jetzt weiß ich nicht nur – wie ich es früher wußte –, daß Du Dich für mich und mein Leben interessierst, ich sehe es in Deinen geschriebenen Worten zum Ausdruck gebracht. Und jetzt akzeptierst Du die einfache Tatsache, daß ich eben Dir allein schreibe und eben Dich allein anrufe.

Je mehr ich darüber nachdenke, desto klarer wird mir, daß Dich Mutters Tod einen Schritt vorwärts machen ließ, wie Du es früher nicht fertiggebracht hättest. Vielleicht wäre darüber noch mehr zu sagen. Vielleicht müßte ich sagen, daß Du in Dir selbst die Fähigkeit entdeckt hast, nicht nur Vater, sondern auch Mutter zu sein. Du hast in Dir dieselbe Gabe des Anteilnehmens entdeckt, die Mutter so viel Liebe und so viel Leid brachte. Du hast begonnen, die Einsamkeit Deiner Freunde deutlicher zu sehen und ihr Suchen nach Gesellschaft mitzufühlen; Du hast angefangen, die Ängste Deiner verwitweten Kollegen tiefer mitzuempfinden und das Geheimnis des Todes schärfer zu erleben. Und Du hast – wenn ich es so sagen darf – entdeckt, daß Du einen Sohn hast, der allein gewesen ist, seit er Dein Haus verließ. Priester zu werden, bedeutete für mich wirklich, die Straße der „langen Einsamkeit" einzuschlagen, wie Dorothy Day es nannte, und meine vielen körperlichen und geistlichen Reisen bestärkten mich noch in dieser Erfahrung. Diese lange Einsamkeit war es, die mich mit Mutter so eng verbunden hat und die mir durch ihren Tod das Gefühl des Verlorenseins gibt. Doch ist das nicht auch die Grundlage für eine einzigartige Solidarität zwischen uns beiden? Habe ich recht, wenn ich meine, daß Du, so bekannt und gefürchtet Du wegen Deiner Ironie und Deines Sarkasmus, wegen Deines scharfen Verstandes und Deines kritischen analytischen Denkens warst – all diese Fähigkeiten, die Dich zu einem gesuchten

Rechtsanwalt werden ließen –, daß Du jetzt Deine zärtliche Seite zur Geltung kommen läßt und nun eine neue Bindung zu denen wahrnimmst, die Dir lieb sind?

In einer Ehe besteht stets die seltsame Neigung, Rollen zu verteilen, sogar psychologische Rollen. Und unsere Kultur ermuntert gewiß dazu: Mutter ist für die Kinder da, Du für den Lebensunterhalt; Mutter ist nachsichtig und bereit zum Vergeben, Du bist streng und fordernd; Mutter ist freundlich und empfänglich, Du bist zurückhaltend und wählerisch. Tatsächlich hast Du gern mit diesen Unterschieden gespielt und sie in Deinen Kommentaren am Mittagstisch noch herausgestellt. Doch jetzt gibt es keine Eigenschaften mehr aufzuteilen, und Du bist herausgefordert, das in Dir immer stärker zu entwickeln, was Du bei Mutter so bewundert hast. Ich meine sogar, daß die Erinnerung an Mutter und die Art und Weise, wie sie mit Dir lebte, Dich bewußt darauf achten läßt, daß ihre Eigenschaften für Deine Kinder und Deine Freunde sichtbar bleiben – sichtbar in Dir.

Du imitierst Mutter nicht, Du sagst nicht: „Ich werde das so machen, wie Mutter das immer gemacht hat." Das wäre künstlich und bestimmt keine Ehre für sie. Nein, Du wirst mehr Du selbst, Du erforschst jene Bereiche des Lebens, die immer zu Dir gehörten, aber dadurch, daß Mutter da war, irgendwie verborgen blieben. Ich bin der Ansicht, daß wir eine neue, ehrenvolle Aufgabe haben, die Aufgabe nämlich, auf neue Weise wieder Vater, Sohn und Freund zu sein, auf eine Weise, die Mutter nicht nur durch ihr Leben, sondern auch durch ihren Tod ermöglicht hat. Die Worte Jesu vom Weizenkorn, das reiche Frucht bringt, wenn es stirbt, sagen nicht nur etwas über seinen eigenen Tod aus, sondern auch über die neue Bedeutung, die er unserem Tod gegeben hat. So müssen wir uns fragen: „Wo sehen wir die Frucht von Mutters Tod?" Es gibt keinen Zweifel, daß diese Frucht zuerst bei denen sichtbar wird, die sie am meisten liebten. Unsere tiefe Liebe zu ihr läßt uns als erste die Frucht einbringen und die Gaben ihres Todes mit anderen teilen.

Müssen wir nicht eben hier beginnen, wenn wir den Sinn von Mutters Tod entdecken wollen? Zuallererst müssen wir in Berührung mit der geheimnisvollen Wirklichkeit neuen Lebens in uns kommen – ja nach dieser sogar verlangen. Andere könnten sie noch vor uns sehen, spüren und sich ihrer erfreuen. Deshalb schreibe ich Dir darüber. Wir sollten einander helfen, dieses neue Leben zu sehen. Das wäre wirklicher Trost. Wir sollten in unserem tiefsten Innern spüren, daß der Schmerz, den Mutters Tod uns bereitete, uns zu einer neuen Weise des Seins geführt hat, bei der der Abstand zwischen Mutter, Vater, Sohn und Tochter nach und nach schwindet. So bringt uns die Trennung von Mutter zu einer neuen inneren Einheit und lädt uns ein, diese neue Einheit zu einer Quelle der Freude und Hoffnung für uns selbst und für die anderen werden zu lassen.

II

Wie ich schon sagte, hat Mutters Tod uns noch deutlicher und unmittelbarer mit der Frage nach dem Tod selbst konfrontiert. Die Frage über den Tod wird, wie auch immer, zumeist von einem gestellt, der selbst nicht im Sterben liegt. Du selbst hast mir dies zu verstehen gegeben, als Du daran erinnertest, wieviel Mutter über ihren Tod sprach, als gar keine eigentliche Gefahr bestand, und ihn kaum erwähnte, als sie dann wirklich im Sterben lag.

Es scheint tatsächlich wichtig zu sein, dem Tod ins Gesicht zu sehen, bevor wir in wirklicher Todesgefahr stehen, und wir müssen über unsere Sterblichkeit nachdenken, bevor sich unsere ganzen bewußten und unterbewußten Energien auf den Kampf ums Weiterleben richten. Es ist wichtig, auf den Tod vorbereitet zu sein, sehr wichtig; doch wenn wir erst dann nachzudenken beginnen, wenn wir bereits todkrank sind, können uns unsere Gedanken und Einsichten nicht mehr den nötigen Halt geben. Wir erfreuen uns augenblicklich einer guten Gesundheit. Wir denken über den Tod nach, über Mutters Tod und unseren eigenen, nicht weil wir im Sterben liegen, sondern weil wir uns stark genug fühlen, uns der Frage über die schwerwiegendste menschliche Gebrochenheit zu stellen.

Ich möchte die Herausforderung dieser Frage annehmen. Dies scheint wirklich die geeignete Zeit zu sein – nicht nur für Dich, auch für mich. Beide müssen wir uns fragen, was Mutters Tod bedeutet, und beide werden wir damit auf neue Weise mit unserem eigenen Tod konfrontiert. Die Tatsache, daß Du „schon" sechsundsiebzig, ich aber „erst" siebenundvierzig bin, ist kein Grund, der uns daran hindern könnte, gemeinsam über den Tod zu meditieren. Ich meine sogar, daß Mutters Tod den Altersunterschied zwischen uns merklich verkürzt hat, so daß die Aussicht des Sterbens und des Todes für Dich und für mich eigentlich nicht verschieden ist. Hat man erst einmal den Gipfel des Berges erreicht, dann ist es kein so großer Unterschied mehr, von welchem Punkt der Abstiegsroute aus Du ein Foto vom Tal machst – solange Du noch nicht im Tal selbst bist.

Ich meine, daß unsere erste Aufgabe darin besteht, sich mit dem Tod anzufreunden. Ich schätze diesen Ausdruck „sich anfreunden". Ich hörte ihn zum erstenmal von dem Psychoanalytiker James Hillman, einem Anhänger von C. G. Jung, als er ein Seminar über christliche Spiritualität besuchte, das ich an der Yale Divinity School hielt. Er betonte die Bedeutung des „Sich-Anfreundens": sich mit den Träumen anfreunden, sich mit seinem Schatten anfreunden, sich mit seinem Unbewußten anfreunden. Er machte überzeugend klar, daß wir die Gesamtheit unserer Erfahrungen beanspruchen müssen, um zu vollem Menschsein zu gelangen; wir gelangen zur Reife, indem wir nicht nur die lichten, sondern auch die dunklen Seiten unserer Geschichte in unser Selbst einbeziehen. Dies erschien mir durchaus einsichtig, da ich meine Neigung – und die anderer – genau kenne, die schmerzvolle Seite des Lebens zu meiden, zu leugnen und zu unterdrücken, ein Bestreben, das immer zu einem physischen, geistigen und seelischen Desaster führt.

Und ist der Tod, dieser erschreckend Unbekannte, der in den Tiefen unseres Unterbewußtseins lauert, nicht wie ein großer Schatten, den wir nur dunkel in unseren Träumen wahrnehmen? Sich mit dem Tod anzufreunden scheint die Grundlage aller anderen Formen des sich Anfreundens zu sein. Ich habe das tiefe, schwierig zu beschreibende Gefühl, daß wir freie Menschen wären, könnten wir uns wirklich mit dem Tod anfreunden. So viel von unserem Zaudern, so viel von unseren Zweifeln, Zwiespältigkeiten und Unsicherheiten sind mit unserer tiefsitzenden inneren Todesangst verbunden – unser Leben wäre merklich anders, würden wir mit dem Tod wie mit einem vertrauten Gast statt wie mit einem Furcht einflößenden Fremden umgehen.

In dem Buch „Nacht und Nebel" schreibt der Holländer Floris Bakels über seine Erfahrungen in deutschen Gefängnissen und Konzentrationslagern des Zweiten Weltkriegs. Er macht eindrucksvoll klar, über wieviel Kraft ein Mensch verfügen kann, der sich mit seinem eigenen Tod angefreundet hat. Ich weiß, wie sehr Dich dieses Buch bewegte, und freute mich über das Exemplar, das ich neulich erhielt. Meinst Du nicht auch, daß Floris Bakels nur deswegen die Greuel von Dachau und die anderer Lager überleben und zweiunddreißig

Jahre später darüber schreiben konnte, weil er sich mit dem Tod angefreundet hat? Wenigstens für mich scheint Floris Bakels auf vielerlei Weise zu seinen SS-Aufsehern gesagt zu haben: „Ihr habt keine Gewalt über mich, weil ich schon gestorben bin." Die Angst vor dem Tod treibt uns oft in den Tod, aber indem wir uns mit dem Tod anfreunden, können wir unserer Sterblichkeit ins Gesicht sehen und uns für das Leben frei entscheiden.

Aber wie geschieht dieses Sich-Anfreunden mit dem Tod? Während der letzten paar Jahre hast Du den Tod vieler Menschen erlebt – auch solcher, die Du gut gekannt hast. Es hat Dich berührt, schockiert, überrascht und Dich auch traurig und betroffen gemacht. Aber als Mutter starb, schien der Tod zu Dir zum erstenmal gekommen zu sein. Warum? Ich meine, weil Liebe – tiefe, menschliche Liebe – den Tod nicht kennt. Die Art, auf die Du und Mutter eins geworden seid, und die Weise, auf die sich diese Einheit in den siebenundvierzig Jahren Eurer Ehe vertieft hat, konnte kein Ende zulassen. Wahre Liebe sagt „für immer". Liebe wird immer in die Ewigkeit hinausreichen. Liebe entspringt dem Ort in uns, in den der Tod nicht einzudringen vermag. Liebe nimmt die Begrenzung durch Stunden, Tage, Wochen, Monate, Jahre oder Jahrhunderte nicht hin. Liebe ist nicht bereit, sich von der Zeit einsperren zu lassen.

Deswegen war Mutters Tod für Dich eine so ganz und gar andere Erfahrung als der Tod vieler anderer Dir bekannter Menschen. Tief in Deinem Innern konntest Du – Deine Liebe – es nicht hinnehmen, daß

Dich Mutter so unvermittelt, so unerbittlich, so ausschließlich und unwiderruflich verließ. Ihr Tod widersprach unmittelbar Deinen innersten Erfahrungen. Und so konnte ich gut verstehen, als Du mir schriebst, Mutters Tod hätte Dich zu der Frage nach dem Sinn des Todes überhaupt geführt. Man könnte vielleicht einwerfen: „Warum dauerte es so lange, bis er sich diese Frage stellte? Mit sechsundsiebzig Jahren hätte er sich längst Gedanken über den Sinn des Todes machen können." Doch wer so spricht, versteht nicht, daß nur Mutter diese Frage für Dich stellen konnte, weil sich Dir erst in ihrem Sterben die wirkliche Widersinnigkeit des Todes enthüllte. Nur ihr Tod konnte Dich in Deinem Innersten aufbringen und Dich klagen lassen: „Warum konnte unsere Liebe ihr Sterben nicht verhindern?"

Und dennoch, dieselbe Liebe, die die Widersinnigkeit des Todes enthüllt, erlaubt uns, sich mit dem Tod anzufreunden. Dieselbe Liebe, die die Grundlage unserer Trauer ist, bildet zugleich den Grund unserer Hoffnung; dieselbe Liebe, die uns im Schmerz aufschreien läßt, muß uns ebenso zu einer befreienden Vertrautheit mit unserer ureigenen Gebrochenheit führen. Ohne Glauben muß dies wie ein Widerspruch klingen. Aber der Glaube an ihn, dessen Liebe den Tod überwunden hat und der am dritten Tag aus dem Grab erstand, verwandelt diesen Widerspruch in ein Paradoxon, in das heilsamste Paradoxon unseres Daseins.

Floris Bakels erfuhr dies auf einzigartige Weise. Er gelangte an den Punkt, wo er sehen und spüren

konnte, daß die Kraft der Liebe stärker ist als die Kraft
des Todes und daß es wahr ist, daß „Gott die Liebe
ist". Inmitten von Menschen, die an Hunger, Folter
und völliger Erschöpfung starben, und im vollen Wissen darum, daß jede Stunde seine Todesstunde sein
konnte, fand er im Innersten seines Herzens eine
Liebe, die so stark und so tief war, daß die Todesangst
keine Gewalt mehr über ihn besaß. Für Floris Bakels
war diese Liebe kein allgemeines Gefühl oder Empfinden, keine Vorstellung von einem wohlwollenden
höchsten Sein. Nein, es war die ganz konkrete, wirkliche und innige Liebe Jesu Christi, Sohn Gottes und Er-
löser der Welt. Mit seinem ganzen Wesen wußte er,
daß er in grenzenloser Liebe geliebt wurde, gehalten
von einer ewigen Umarmung und von bedingungslo-
ser Sorge umgeben. Diese Liebe war so konkret, so
fühlbar, so unmittelbar und ihm so nah, daß er nicht in
die Versuchung kam, diese Erfahrung des Glaubens
für Phantasievorstellungen eines ausgehungerten Ge-
hirns zu halten. Je tiefer und umfassender er Christi
Liebe erfuhr, desto mehr erkannte er, daß die vielen
Möglichkeiten der Liebe in seinem Leben – die Liebe
seiner Eltern, seines Bruders und seiner Schwestern,
seiner Ehefrau und seiner Freunde – Widerspiegelun-
gen der großen „ersten" Liebe Gottes waren.

Ich bin überzeugt, daß es die tiefempfundene Liebe
Gottes war – empfunden in und durch Jesus Christus
–, die Floris Bakels seinem Tod und dem Tod anderer
so direkt ins Gesicht sehen ließ. Es war diese Liebe,
die ihm die Freiheit und die Kraft gab, Sterbenden zu
helfen, und die es ihm ermöglichte, nach der Rückkehr

aus der Hölle von Dachau wieder ein normales Leben anzufangen.

Ich schreibe so eingehend über Bakels, weil ich weiß, daß Du ihn gut verstehen kannst und Du auf ihn hören wirst, da Du derselben Generation angehörst und denselben Glauben hast. Er kann Dir weit besser, als Psychologen und Psychoanalytiker es vermögen, zeigen, was es bedeutet, sich mit dem Tod anzufreunden.

Obwohl Du und ich auch den Terror der Nazis kennenlernten – Du als junger Mann, der sich verstecken mußte, um der Deportation zu entgehen, ich als furchtsames Kind – und obwohl wir alle hart kämpfen mußten, um im furchtbaren „Hungerwinter" 1944/45 zu überleben, sind uns die Schrecken der Konzentrationslager erspart geblieben, und wir mußten nicht, wie Floris Bakels, dem Tod ins Auge sehen. Deswegen waren wir nicht gezwungen, uns schon in so jungen Jahren mit dem Tod anzufreunden. Doch Mutters Tod lädt uns jetzt ein, es zu tun.

Viele Menschen scheinen sich niemals mit dem Tod anzufreunden und sterben, als würden sie in einem hoffnungslosen Kampf unterliegen. Doch wir müssen dieses traurige Schicksal nicht teilen. Mutters Tod kann uns die Freiheit bringen, von der Bakels schreibt; er kann uns tief vor Augen führen, daß ihre Liebe ein Widerschein jener Liebe ist, die nicht stirbt und nicht sterben kann – die Liebe, die wir beide am Ostersonntag bezeugen werden.

III

Keineswegs möchte ich annehmen, daß Du Deine Sterblichkeit verdrängt oder geleugnet hast. Im Gegenteil, ich kenne wenige Menschen, die ihrem Tod so offen gegenüberstanden. Bei den verschiedensten Gelegenheiten hast Du über Deinen Tod öffentlich und im privaten Kreis gesprochen, mit Fremden und Freunden, spöttisch und ernsthaft. Manchmal hast Du Mutter und Deine Gäste mit Deiner Unverblümtheit sogar in Verlegenheit gebracht! Ich weiß noch, wie Du bei der einen oder anderen Gelegenheit erwähnt hast, wie schnell unser „großartiges Leben" vergessen und wie kurzlebig die fromme Erinnerung unserer Freunde und Kollegen ist. Ich erinnere mich, wie Du mir vor einer längeren Reise nach Brasilien erklärt hast, was ich tun müsse, wenn Euch beiden etwas zustoßen sollte. Und ich erinnere mich an Deine ganz konkreten Wünsche, wie Deine Kinder und Freunde eines Tages auf Deinen Tod reagieren sollten. Manchmal hatten Deine Worte über den Tod etwas Sarkastisches an sich und deuteten ein Verlangen an, Sentimentalität und falsche Romantik zu entlarven. Es hat Dir sogar Spaß gemacht, die frommen Gefühle Deiner Freunde ein bißchen zu erschüttern und Deinen und ihren Realitätssinn zu testen. Doch meistens waren Deine Worte ernst und zeigten, daß Du über das Ende Deines Lebens wirklich nachdachtest. Deshalb ist es ganz klar, daß Du nicht nur so dahingelebt hast, als ginge Dein Leben ewig weiter. Dazu bist Du zu intelligent und zu realistisch.

Trotzdem gibt es in uns verborgene Bereiche des Nicht-Wissens, des Nicht-Verstehens und des Nicht-Spürens, die uns erst in Zeiten einer großen Krise enthüllt werden können. Für die einen kommen solche Zeiten nie, für die anderen häufiger. Für die einen kommen sie früh, für andere eher spät. Wir mögen denken, daß wir eine gewisse Einsicht haben in das, „was das Leben eben so ist", bis uns eine Krise unerwartet aus dem Gleichgewicht wirft und uns zwingt, unsere grundlegendsten Voreingenommenheiten neu zu bedenken. Tatsächlich wissen wir niemals wirklich, wie tief unser Leben verankert ist, und die Erfahrung einer Krise kann uns Dimensionen des Lebens eröffnen, von denen wir bisher nichts ahnten.

Mutters Tod ist gewiß eine der einschneidendsten Erfahrungen unseres Lebens, vielleicht sogar die einschneidendste überhaupt. Vor ihrem Tod war es unmöglich, auch nur vage zu ermessen, wie sehr er uns treffen würde. Jetzt beginnen wir, seinen Stoß zu spüren. Allmählich können wir sehen, wohin er uns führt. Eine neue Auseinandersetzung mit dem Tod findet statt – eine Auseinandersetzung, zu der wir selbst niemals hätten gelangen können. Was wir in der Vergangenheit auch immer über den Tod gefühlt, gesagt oder gedacht haben, bewegte sich immer innerhalb unseres emotionalen oder intellektuellen Vermögens. In gewissem Sinne blieb es im Bereich unserer Einflußnahme und Kontrolle. Bemerkungen und Gedanken über unseren Tod blieben unsere Bemerkungen, und somit waren unsere Gedanken abhängig von unserem persönlichen Einfallsreichtum und unserer Ursprünglichkeit. Aber Mutters Tod lag ganz und gar außerhalb unseres Kontroll- und Einflußbereichs. Er ließ uns ohnmächtig zurück. Als wir merkten, wie sie langsam den Kontakt mit uns verlor und uns entrissen wurde, konnten wir nur neben ihrem Bett stehen und dem grausamen Werk des Todes zusehen. Auf diese Erfahrung können wir uns im Grunde nicht vorbereiten. Sie ist so neu und überwältigend, daß unsere ganzen vorangegangenen Mutmaßungen und Überlegungen im Angesicht der erschreckenden Wirklichkeit des Todes nichtssagend und oberflächlich erscheinen. So verwandelt Mutters Tod die Frage nach dem Tod in eine neue Frage. Er öffnet uns für Stufen des Lebens, die sich vorher nicht erreichen ließen, selbst wenn wir sie zu erreichen verlangt hätten.

Was hat Mutters Tod bei Dir bewirkt? Ich weiß es nicht und kann es auch nicht wissen, da es hier um etwas so Persönliches geht, daß niemand ganz Deine Gefühle erreichen kann. Aber wenn Deine Erfahrung ihres Todes der meinen in irgendeiner Weise nahekommt, dann warst Du – wie ich es war – „eingeladen", Dein ganzes Leben neu zu beurteilen. Mutters Tod ließ Dich in einer Weise innehalten und zurückblicken, wie Du es nie zuvor getan hast. Plötzlich kamst Du in eine Lage, die Dich Deine vielen Lebensjahre – Dein Leben als Student, als junger Referendar, als erfolgreicher Rechtsanwalt, als bekannter Professor – wie aus der Vogelperspektive betrachten ließ. Ich weiß noch, wie Du mir erzähltest, Du könntest Deine lange und verwickelte Geschichte in ein klares Bild fassen, und wie im Blick auf Mutters Tod Dein Leben viel von seiner ganzen Verschlungenheit verloren hätte; es ließe sich jetzt in ein paar wenigen Grundlinien kennzeichnen. So gab Dir ihr Tod einen neuen Blick für Dein Leben und half Dir, unter den vielen zufälligen Aspekten die wenigen wesentlichen Grundzüge zu unterscheiden.

Der Tod vereinfacht wirklich; der Tod duldet keine unendlichen Schattierungen und Nuancen. Der Tod legt bloß, was wirklich zählt, und damit wird er zu Deinem Richter. Es scheint, daß wir beide dies nach Mutters Tod und Begräbnis erfahren haben. Während der vergangenen sechs Monate ließen wir unser Leben mit Mutter noch einmal an uns vorüberziehen. Für Dich bedeutete das, Schubladen zu öffnen, die jahrelang ungeöffnet geblieben waren; Photographien zu betrachten, von denen Du eigentlich gar nicht mehr wußtest, daß es sie gab; alte Briefe zu lesen, die inzwischen vergilbt und zerknittert sind; und Bücher in die Hand zu nehmen, auf denen der Staub der Jahre liegt.

Für mich bedeutete das, ihre Briefe noch einmal zu lesen; die Geschenke, die sie mir brachte, wenn sie zu Besuch kam, noch einmal anzusehen; und mit neuer Andacht die Psalmen zu beten, die wir so oft gemeinsam rezitiert hatten. Lang vergessene Erlebnisse wurden wieder so lebendig, als hätten sie sich erst vor kurzem zugetragen. Es war, als könnten wir unser ganzes Leben wie einen kleinen Edelstein in die Hand nehmen und ihn liebevoll und bewundernd betrachten. Wie winzig, wie schön, wie wertvoll er ist!

Ich glaube, daß wir im Blick auf Mutters Tod und auf unsere eigene Sterblichkeit unser Leben nunmehr als einen langen Prozeß der Abtötung ansehen können. Du kennst dieses Wort. Priester gebrauchen es häufig während der österlichen Bußzeit. Sie sagen: „Du mußt dich abtöten." Das hört sich unerfreulich, hart und sittenstreng an. Doch Abtötung – genauer gesagt „Absterben" – ist das, was das Leben letztlich ist: ein langsames Entdecken, daß alles Geschaffene dem Tod anheimgegeben ist. So können wir die Schönheit alles Geschaffenen nur bewundern, dürfen uns jedoch nicht an ihm festklammern, als wäre es ein dauernder Besitz. Unser Leben kann tatsächlich als ein Prozeß des Mit-dem-Tode-vertraut-Werdens angesehen werden, als eine Schule der Kunst des Sterbens. Ich möchte das nicht in krankhafter Weise verstanden wissen. Im Gegenteil, wenn wir das Leben als jederzeit vom Tode gefährdet ansehen, können wir uns an ihm um so tiefer erfreuen, da wir es als das erkennen, was es ist: ein freies Geschenk. Die Bilder, Briefe und Bücher aus der Vergangenheit führen uns das Leben als ein ständiges Abschiednehmen vor Augen, ein Abschiednehmen von schönen Orten, lieben Menschen und wunderbaren Erfahrungen. Sieh Dir die Bilder Deiner Kinder an, als Du mit ihnen im Wohnzimmer auf dem Boden spielen konntest! Wie schnell mußtest Du ihnen Lebewohl sagen! Sieh Dir die Schnappschüsse von Deinen Radtouren mit Mutter in England

Mitte der dreißiger Jahre an! Wie wenig Gelegenheit zu ähnlichen Fahrten gab es in späteren Sommern! Lies Mutters Briefe, als Du in Amalfi warst und Dich von Deiner Krankheit erholen mußtest; lies auch meine Briefe an Dich, als ich das erstemal in England war! Sie erzählen heute von verflossenen Zeiten. Sieh Dir die Hochzeitsbilder Deiner Kinder an und die Bibel, die ich Dir am Tag meiner Priesterweihe schenkte. Alle diese Gelegenheiten sind vorübergegangen wie freundliche Besucher und haben Dich mit schönen Erinnerungen, doch auch mit der traurigen Erkenntnis von der Kürze des Lebens zurückgelassen. In jeder Ankunft liegt ein Abschiednehmen, in jeder Vereinigung eine Trennung, in jedem Aufwachsen ein Altern, in jedem Lächeln eine Träne, und in jedem Erfolg ist ein Verlust. Alles Leben ist Sterben, und jede Feier ist auch eine Abtötung.

Wenngleich dies alles während der ganzen Zeit unseres reichen und abwechslungsvollen Lebens geschah, bemerkten wir es nicht mit derselben Schärfe wie heute. Es gab so viel Leben, so viel Lebenskraft und so viel Fülle, daß die Gegenwart des Todes kaum auffiel und dann nur in der Weise, wie wir an einem Tag, an dem die Sonne scheint, unsere Schatten erkennen. Es gab Augenblicke des Schmerzes, der Trauer, der Enttäuschung; da waren Krankheit, Rückschläge, Konflikte und Sorgen. Doch sie kamen und gingen wie die Jahreszeiten, und die Kräfte des Lebens blieben immer siegreich. Dann starb Mutter. Ihr Tod bedeutete ein unabweisliches Ende, ein vollständiger Bruch, der sich mit unvergleichbarer Endgültigkeit darstellte. Eine Weile lebten wir weiter, als wäre sie nur für kurze Zeit von uns weggegangen und könnte jeden Augenblick wiederkommen. Wir handelten sogar so, als bereiteten wir uns auf den Augenblick vor, da sie wieder vor unserer Tür stehen würde. Aber mit der Zeit erkannte unser Herz, daß sie gegangen war, ohne jemals wiederzukommen. Erst dann ergriff uns wirklicher Schmerz. Und erst dann wandten wir uns der Vergangenheit zu und sahen, daß der Tod uns das ganze Leben über begleitet hatte und daß die vielen „Lebe wohl" und „Auf Wiedersehen" Vorzeichen für diese dunkle Stunde waren. Und erst dann stellten wir in ganz und gar neuer Weise die Frage nach dem Sinn des Todes.

IV

Als wir bei Mutters Tod den großen Verlust erfuhren, erfuhren wir dabei auch unsere völlige Ohnmacht, etwas gegen ihn zu tun. Wir, die wir Mutter liebten und alles Menschenmögliche unternommen hätten, um ihren Schmerz und ihren Sterbenskampf zu mildern, konnten überhaupt nichts tun. Wir alle, die wir während ihrer letzten Tage an ihrem Bett gestanden waren, fühlten uns machtlos. Manchmal sahen wir die Ärzte und Schwestern mit der leeren Hoffnung an, daß vielleicht sie den Gang des Geschehens wenden könnten, aber es wurde uns bewußt, daß das, was hier vor sich ging, die unabänderliche Wirklichkeit des Todes war, eine Wirklichkeit, der wir uns alle eines Tages stellen müssen.

Ich halte es für wichtig, daß wir diese Erfahrung der Ohnmacht im Augenblick von Mutters Tod tief in unser Inneres eindringen lassen, ist diese Erfahrung doch der Schlüssel für ein vertieftes Verständnis der Bedeutung des Todes.

Lieber Vater, Du bist eine ausgeprägte Persönlichkeit, du bist ein Mann mit starkem Willen und überzeugendem Selbstbewußtsein. Man kennt Dich als einen hart arbeitenden Menschen, als einen unnachgiebigen Streiter für Deine Klienten, einen Mann, der keinen Gesichtspunkt außer acht läßt oder es zumindest nie zugeben wird, einen außer acht gelassen zu haben! Du hast erreicht, wonach Du gestrebt hast. Eine erfolgreiche Karriere war der reiche Lohn für Deine Anstrengungen und festigte Deine Überzeugung, daß Erfolg im Leben das Ergebnis harter Arbeit ist. Wenn etwas klar ist, was Deinen Lebensstil betrifft, dann dies, daß Du die Hand immer am Ruder Deines Schiffes behalten willst. Du liebst den genauen Überblick, um eigenständige Entscheidungen treffen und Deinen eigenen Kurs steuern zu können. Die Erfahrung hat Dich gelehrt, daß Schwäche zu zeigen keinen Respekt verschafft, und daß es sicherer ist, still seine Last zu tragen, als um Mitleid zu bitten. Du hast nie nach Macht und Einfluß gestrebt und hast sogar auf manch eine Stellung verzichtet, die Dir im ganzen Land Anerkennung eingebracht hätte. Dagegen hast Du leidenschaftlich auf Deine innere, geistige und materielle Eigenständigkeit geachtet. Du hast nicht nur ein erstaunliches Maß an Selbständigkeit erreicht, sondern auch Deine Kinder ermutigt, so früh wie möglich freie und unabhängige Menschen zu werden. Diese große Wertschätzung der Selbständigkeit war es sicherlich auch, die Dich bei meiner Abreise in die Vereinigten Staaten mit Stolz erfüllte. Ich bin mir sicher, daß Du mich nicht gern so weit weg von zu Hause haben wolltest. Doch diese Ungelegenheit wurde reichlich von der Freude darüber ausgeglichen, daß ich es selbständig und ohne Hilfe von seiten der Familie oder von Freunden „fertigbrachte". Eine Deiner häufigsten Ermahnungen an mich, meine Brüder und meine Schwester war:

„Hütet euch davor, von der Macht, dem Einfluß oder dem Geld anderer abhängig zu sein! Haltet die eigene Entscheidungsfreiheit für euren größten Besitz. Gebt ihn nie auf!"

Diese Einstellung – sie wurde übrigens von Mutter und von der ganzen Familie sehr bewundert – erklärt, warum Dir alles, was Dich an den Tod erinnerte, wie eine Bedrohung vorkam. Du empfandest es als sehr hart, krank zu sein, Du warst gewöhnlich ein bißchen irritiert, wenn man Dich mit der Krankheit anderer konfrontierte, und für Menschen, die in Deinen Augen „Versager" waren, hattest Du kaum Sympathie. Das Schwache zog Dich nicht an.

Mutters Tod eröffnete Dir eine Dimension des Lebens, zu der das Schlüsselwort nicht Selbständigkeit, sondern Hingabe heißt. Ihr Tod war in einer sehr tiefen und existentiellen Weise ein direkter Angriff auf das Bewußtsein Deiner Selbständigkeit und Unabhängigkeit und insofern eine Herausforderung zur Umkehr, eine Herausforderung, Deine Wertmaßstäbe von Grund auf neu zu ordnen. Ich sage nicht, daß durch Mutters Tod für Dich Selbständigkeit und Unabhängigkeit an Wert verloren haben, sondern meine, daß der Tod diese Werte nur in einen neuen Rahmen gestellt hat, in den Rahmen des Lebens als eines Prozesses der Loslösung.

Selbständigkeit und Loslösung sind keine notwendigen Gegensätze. Sie können es dann sein, wenn sie sich auf derselben Ebene unserer Existenz gegenüberstehen. Aber ich bin überzeugt, daß eine gesunde Selb-

ständigkeit Dir die wahre Stärke geben kann, Dich los-
zulösen. Laß mich erklären, was ich meine.

Selbst wenn wir versuchen, den Gang unseres Lebens zu lenken und zu bestimmen, müssen wir zugeben, daß das Leben für uns das große Unbekannte
bleibt. Obwohl Du in Deinem Leben hart arbeiten
mußtest, um Dir eine erfolgreiche Karriere aufzubauen und Deiner Familie ein glückliches Zuhause zu
geben, lagen doch einige der wichtigsten Vorausset-
zungen, daß sich alles gerade so, wie es war, entwik-
kelte, absolut nicht in Deiner Hand. Vieles, was *mit Dir*
geschah, war ebenso wichtig, wie vieles, was *durch
Dich* geschah. Vor fünfzig Jahren hättest weder Du
noch irgendein anderer Deine heutige Situation vor-
aussehen können. Es ist übrigens ganz nutzlos, uns
das, was bald oder später einmal auf uns zukommt,
vorauszusagen. Manches, was uns dabei großen Kummer bereitet, erweist sich nach einiger Zeit als harm-
los, und manches, an das wir zuvor kaum gedacht haben, verändert unser Leben von Grund auf. Also wurzelt unsere Unabhängigkeit in unbekanntem Grund.
Die große Herausforderung besteht darin: so frei
sein, daß wir gehorsam sein können; so selbständig
sein, daß wir abhängig sein können; sich so in der
Gewalt haben, daß wir uns in etwas ergeben können.
Hier berühren wir den großen Widerspruch im Leben: Leben, um fähig zu sein zu sterben. Darin vor
allem liegt der Sinn des Sich-Loslösens. Loslösung ist
nicht das Gegenteil von Selbständigkeit, sondern ihre
Frucht. Nur ein guter Fahrer weiß, wann er bremsen
muß!

Das hat nichts mit grauer Theorie zu tun, wie Du genau weißt. Wir beide haben erlebt, wie manche unserer Freunde mit unvorhergesehenen Veränderungen in ihrem Leben nicht fertig wurden und es nicht vermochten, mit der unbekannten Zukunft zurechtzukommen. Wenn sich eine Sache anders entwickelte, als sie es erwartet hatten, oder eine drastische Wendung eintrat, konnten sie der neuen Situation nicht Rechnung tragen. Das hatte bald Verbitterung und Murren zur Folge. Oft klammerten sie sich an ihre altvertraute Lebensweise, die längst nicht mehr die angemessene war, und sie griffen wieder auf, was einmal Sinn hatte – aber den wirklichen Gegebenheiten des Augenblicks nicht mehr entsprach. Wir wissen nur zu gut, wie sehr der Tod Menschen oft auf diese Weise beeinflußt hat. Der Tod des Gatten, der Gattin, des Kindes oder des Freundes kann Menschen davon abbringen, der unbekannten Zukunft offen zugewandt zu leben, um sich in die vertraute Vergangenheit zurückzuziehen. Sie halten sich fest an ein paar kostbaren Erinnerungen und Gewohnheiten und glauben, daß ihr Leben an ein Ende gekommen ist. Sie fangen dann an zu leben, wenn sie meinen: „Für mich ist alles vorbei. Es gibt nichts mehr, was ich noch erwarten könnte." Wie Du siehst, vollzieht sich hier genau das Gegenteil eines Sich-Loslösens; es ist ein neues Verhaftetsein, das das Leben schal macht und unserem Dasein alle Lust nimmt. In solch einem Leben gibt es keine Hoffnung mehr.

Wenn uns Mutters Tod auf solch einen Weg geführt hätte, wäre ihr Tod ohne wirklichen Sinn für uns geblieben. Ihr Tod wäre für uns ein Tod – oder würde es werden –, der die Zukunft versperrt und der uns für den Rest unseres Lebens zu Gefangenen unserer Vergangenheit gemacht hätte. Die Erfahrung der Ohnmacht würde uns dann nicht die Freiheit geben, uns von der Vergangenheit zu lösen, sondern würde uns in unsere Erinnerungen einkerkern und uns lähmen. Dazu verlören wir auch die Selbständigkeit, die Dir immer so wertvoll war.

Ich glaube, daß es hier eine viel menschlichere Wahl gibt, die Wahl nämlich, die Vergangenheit als eine fortwährende Herausforderung anzusehen, uns einer unbekannten Zukunft anzuvertrauen. Es ist die Wahl, die Erfahrung unserer Ohnmacht als eine Erfahrung zu verstehen, daß wir geführt werden, wenn wir auch nicht genau wissen wohin. Denk an das Wort Jesu an Petrus nach seiner Auferstehung: „Als du noch jung warst, hast du dich selbst gegürtet und konntest gehen, wohin du wolltest. Wenn du alt geworden bist, wirst du deine Hände ausstrecken und ein anderer wird dich gürten und führen, wohin du nicht willst" (Joh 21,18). Das sagte Jesus, unmittelbar nachdem er Petrus dreimal aufgetragen hatte, seine Schafe zu weiden. Daran läßt sich erkennen, daß ein zunehmendes Sich-Anvertrauen an das Unbekannte ein Zeichen geistiger Reife ist und die Selbständigkeit nicht aufhebt. Mutters Tod ist wirklich eine Einladung, uns der Zukunft freier anzuvertrauen und überzeugt zu sein, daß einer der bedeutendsten Abschnitte unseres Lebens noch vor uns liegt und daß Mutters Leben und Tod dazu bestimmt waren, dies zu ermöglichen. Vergiß nicht, daß die Jünger erst nach Jesu Tod ihre Berufung erfüllen konnten.

Mich beeindruckt immer wieder die Tatsache, daß die wirklich schöpferischen Menschen gerade diejenigen sind, die sich vom Leben am weitesten losgelöst haben; Menschen, die durch das Leben gelernt haben, daß es in diesem Leben nichts und niemanden gibt, an dem sich festhalten läßt. Sie haben die Freiheit, von vertrauten sicheren Orten ständig aufzubrechen und in neue, unerforschte Bereiche des Lebens vorzustoßen. Ich möchte Dir damit nicht nahelegen, Dich dazu berufen zu fühlen, in Deinem fortgeschrittenen Alter noch etwas Ungewöhnliches oder Aufsehenerregendes zu tun – obwohl man nie wissen kann, wozu Du noch berufen sein könntest! Vielmehr denke ich dabei vor allem an einen geistlichen Prozeß, durch den wir unser Leben freier als zuvor leben können, offener für Gottes Führung und bereiter zu antworten, wenn er zu unserem innersten Ich spricht.

Mutters Tod ermutigt uns, die Illusionen der Unsterblichkeit, die wir vielleicht immer noch haben, aufzugeben, und auf neue Weise zu erfahren, wie sehr wir von Gottes Liebe abhängig sind. Diese Abhängigkeit hebt unsere Eigenständigkeit und Freiheit nicht auf, sondern läutert und adelt sie. Hier kannst Du den Schimmer einer Antwort auf die Frage erkennen, warum Mutter vor Dir gestorben ist und warum Dir neue Jahre zu leben gegeben wurden. Jetzt kannst Du mit Dir selbst, mit anderen und mit Gott von Dingen sprechen, die Dir zuvor nicht aufgegangen waren.

V

Bei allen vorangegangenen Überlegungen, lieber Vater, trat ein Gedanke in den Vordergrund, den ich, als ich zu schreiben begann, nur vage hatte; der Gedanke nämlich, daß die Frage nach dem Sinn des Todes nicht so sehr die ist, welchen Sinn unser Tod für *uns* hat, sondern die, welchen Sinn er für *andere* hat. Das erklärt, warum der Sinn von Mutters Tod und der Sinn unseres Todes in so enger Beziehung zueinander stehen. Ich meine, daß in dem Maße, wie wir zu der Erfahrung gelangen, daß Mutter für Dich, für ihre Kinder und für viele andere starb, unser eigener Tod um so bedeutsamer für uns wird. Ich will versuchen, es Dir zu erklären, damit Du siehst, daß an diesem Gedanken etwas Wahres ist.

Laß mich mit einer Bemerkung beginnen, die Du selbst schon oft nach Mutters Tod gemacht hast, daß sie nämlich ihr Leben für andere gelebt hat. Je mehr Du ihr Leben betrachtet, Dir ihre Bilder angeschaut, ihre Briefe gelesen und gehört hast, was andere von ihr sagten, desto deutlicher erkanntest Du, wie doch ihr ganzes Leben im Dienst für andere stand. Auch ich bin immer mehr beeindruckt, wie aufmerksam sie gegenüber den Nöten anderer war. Diese Einstellung gehörte so selbstverständlich zu ihr, daß es kaum bemer-

kenswert erschien. Erst jetzt wissen wir diese Seite
recht zu schätzen. Sie verlangte selten Aufmerksamkeit für sich selbst. Ihr Interesse und ihre Aufmerksamkeit galt den Sorgen und Nöten anderer. Sie war
offen zu allen, die zu ihr kamen. Vielen fiel es nicht
schwer, mit ihr über sich selbst zu sprechen, und sie
sagten, wie erleichtert sie sich in ihrer Gegenwart fühlten. Das fiel mir besonders auf, wenn sie mich in den
Vereinigten Staaten besuchte. Oft kannte sie meine
Studenten nach einem Abend besser als ich nach einem Jahr, und noch nach langer Zeit erkundigte sie
sich nach ihnen. Während der vergangenen sechs Monate wurde mir schmerzlich bewußt, wie sehr ich mich
an ihr immer waches Interesse für alles, was ich tat,
fühlte, dachte oder schrieb, gewöhnt hatte, und für wie
selbstverständlich ich es hielt, daß gerade dann, wenn
niemand sonst sich um mich sorgte, sie es bestimmt
tat. Daß diese sich sorgende Liebe nicht mehr dasein
soll, läßt mich oft eine tiefe Einsamkeit spüren. Ich
weiß, daß dies für Dich noch mehr gilt. Du hörst sie
nicht mehr fragen, ob Du gut geschlafen hast, was Du
den Tag über zu tun hast oder was Du gerade
schreibst. Du hörst sie nicht mehr, wie sie Dich er-
mahnt, vorsichtig zu fahren, mehr zu essen oder einmal richtig auszuschlafen. All diese einfachen und
doch so heilsamen und hilfreichen Formen des Sich-
Sorgens gibt es nun nicht mehr, und indem uns dies
deutlich wird, spüren wir mehr und mehr, was es
heißt, allein zu sein.

Was ich nun sagen wollte, ist, daß sie, die für andere lebte, auch für andere starb. Ihr Tod darf nicht ge-

sehen werden als ein plötzliches Ende ihres Sorgens, als der große Schlußpunkt ihres Da-Seins für andere. Es gibt Menschen, die den Tod des geliebten Gatten oder des Freundes als Verrat empfinden. Sie fühlen sich abgewiesen, alleingelassen, ja genarrt. Es ist, als sagten sie zu ihrem Gatten, ihrer Gattin oder ihrem Freund: „Wie konntest du mir das nur antun? Warum hast du mich so zurückgelassen? Das hätte ich nie erwartet!" Manche sind über den Verstorbenen geradezu erzürnt und äußern dies in lähmender Trauer, in einem Rückfall in vollständige Abhängigkeit, in allen möglichen Krankheiten und Beschwerden, ja sogar indem sie selbst sterben.

Wenn Mutters Leben aber ein für uns gelebtes Leben war, müssen wir bereit sein, ihren Tod als einen Tod für uns anzunehmen: ein Tod, der uns nicht lähmen, nicht völlig abhängig machen oder als Entschuldigung für vielerlei Beschwerden dienen darf, sondern ein Tod, der uns stärker, freier, reifer machen soll.

Um es noch drastischer zu sagen: wir müssen den Mut haben zu glauben, daß ihr Tod uns zum Guten gereicht, und daß sie starb, damit wir leben können – eine recht radikale Ansicht, die das Feingefühl mancher verletzen mag. Warum? Weil ich nachdrücklich sage: „Es ist gut für uns, daß sie uns verlassen hat, und solange wir das nicht akzeptieren, haben wir den Sinn ihres Lebens nicht ganz verstanden." Das mag hart, ja beleidigend klingen, dennoch glaube ich fest, daß es wahr ist. Ja ich glaube noch fester, daß wir das selbst erfahren werden.

Wenn auch die Zeit vorüber ist, da Witwen zusammen mit ihren toten Ehemännern verbrannt wurden, beenden doch viele Witwen und Witwer, in psychologischem Sinne, ihr Leben mit dem ihres Gatten. Ihre Antwort auf den Tod ihres Ehemanns oder ihrer Ehefrau ist ein plötzlicher Mangel an Lebenswillen und ein Verhalten, das das Leben zu einem grausamen Wartezimmer des Todes werden läßt. Ich weiß, daß es auch das andere Extrem gibt, nämlich zu leben, als sei man nie verheiratet gewesen. Da ich das bei Dir für ganz und gar ausgeschlossen halte, brauche ich darauf nicht weiter einzugehen. Wichtig für uns ist zu erkennen, daß Mutters Leben uns einlädt, ihren Tod als einen Tod zu sehen, der uns nicht nur Leid, sondern auch Freude bringen kann, nicht nur Schmerz, sondern auch Heilung, die Erfahrung, nicht nur etwas verloren, sondern auch etwas gefunden zu haben.

Es handelt sich hier nicht bloß um meine persönliche Ansicht, die der von anderen entgegensteht. Es ist die christliche Ansicht, das heißt eine Ansicht, die auf das Leben, den Tod und die Auferstehung Jesu Christi gegründet ist. Das muß ganz klar sein, sonst könntest Du nicht verstehen, was ich wirklich sagen will.

Fünf Tage sind vergangen, seit ich diesen Brief begann, und heute ist der Vorabend des Gründonnerstags. Während der Karwoche sind wir mit dem Tod häufiger konfrontiert als zu jeder anderen Zeit des Kirchenjahres. Wir sind aufgerufen, nicht bloß den Tod im allgemeinen oder unseren Tod im besonderen zu betrachten, sondern den Tod Jesu Christi, der Gott und Mensch zugleich ist. Wir sind aufgefordert, auf den an einem Kreuz sterbenden Herrn zu schauen und hier den Sinn unseres eigenen Lebens und Sterbens zu finden. Was mich am meisten von all dem, was wir während dieser Tage in den Lesungen oder in Predigten hören, betroffen macht, ist, daß Jesus von Nazaret nicht für sich selbst starb, sondern für uns, und daß auch wir in seiner Nachfolge aufgerufen sind, unseren Tod zu einem Tod für andere werden zu lassen. Was Dich und mich zu Christen macht, ist nicht nur unser Glaube, daß er, der ohne Sünde war, zu unserem Heil am Kreuz starb und uns dadurch den Weg zu seinem Vater im Himmel erschlossen hat, sondern auch, daß durch seinen Tod unser Tod umgewandelt wurde von einem völlig widersinnigen Ende all dessen, was dem Leben Sinn gibt, in ein Ereignis, das uns und alle, die wir lieben, befreit. Eben wegen dieses befreienden Todes Christi wage ich Dir zu sagen, daß Mutters Tod nicht einfach das widersinnige Ende eines guten, uneigennützigen Lebens war. Vielmehr ist ihr Tod ein Ereignis, das ihrer Uneigennützigkeit eine reiche Ernte bringen wird. Jesus starb, damit wir leben können, und jeder, der mit ihm verbunden stirbt, hat Anteil an der lebenspendenden Kraft seines Todes. Deshalb können wir mit Recht sagen, daß Mutter, die unter dem Zeichen des Kreuzes starb, ihr Leben gab, damit wir leben. Und deshalb kann unser aller Tod unter eben diesem Zeichen ein Tod für andere sein. Ich meine, daß wir damit beginnen müssen, den tiefen Sinn dieses Sterbens füreinander in und durch den Tod Christi zu erkennen, um einen flüchtigen Einblick in das zu gewinnen, was ewiges Leben bedeutet. Ewigkeit wird in der Zeit geboren, und immer wenn ein

Mensch, den wir sehr geliebt haben, stirbt, kann Ewigkeit ein kleines bißchen mehr in unser vergängliches Dasein einbrechen.

Ich weiß, daß ich das große Geheimnis, dem ich Worte geben möchte, kaum berühren kann. Doch ich meine, dieses Geheimnis ist so tief und unermeßlich, daß wir uns ihm nur sehr behutsam nähern können.

Wenn wir tiefer in die Geheimnisse der Karwoche eintreten und uns Ostern nähern, wird klar werden, was gesagt werden muß. Jetzt aber ist es wichtig, den Zusammenhang zwischen Mutters Tod und unserem Tod zu sehen. Indem wir nämlich sehen lernen, daß Mutter für uns starb, können wir auch Einsicht in das gewinnen, was der Sinn unseres eigenen Todes ist. Zunächst könnte diese Einsicht durchaus darin bestehen, daß der Sinn unseres Todes nicht in eine Idee, einen Begriff oder eine Theorie zu fassen ist. Er muß vielmehr als eine Wahrheit entdeckt werden, die für uns weniger sichtbar ist als für diejenigen, für die wir sterben. Dies mag der Grund sein, warum der Sinn von Mutters Tod sich *uns* langsam enthüllt, wenngleich er ihr verborgen blieb, und warum der Sinn unseres Todes uns mehr verborgen bleiben wird als denen, die uns am meisten vermissen. Für andere sterben schließt mit ein, daß der Sinn unseres Todes besser von ihnen verstanden wird als von uns selbst. Dies verlangt von uns ein weitgehendes Sich-Loslösen und einen noch weiteren Glauben. Vor allem aber ruft es uns auf, sich immer mehr den Wegen Gottes, auf denen er uns seine Liebe kundtun will, anzuvertrauen.

VI

Heute ist Hoher Donnerstag oder, wie Du sagst, Gründonnerstag. Wie ich diesen Brief fortsetze, wird mir klar, daß mir dieser Tag ermöglicht, in einer Weise über den Tod zu schreiben, wie ich es zuvor nicht konnte. Wie Du weißt, ist der Gründonnerstag der Tag des eucharistischen Mahles, da Jesus Brot und Wein nahm und zu seinen vertrauten Gefährten sagte: „Nehmt ... eßt ... trinkt ... dies ist mein Leib ... dies ist mein Blut ... tut dies zu meinem Gedächtnis!" In der Nacht vor seinem Tod gab uns Jesus das Geschenk seiner bleibenden Gegenwart in unserer Mitte, um uns auf ganz persönliche Weise daran zu erinnern, daß sein Tod ein Tod für uns war. Deswegen bemerkt der Apostel Paulus in seinem ersten Brief an die Korinther: „Sooft ihr von diesem Brot eßt und aus dem Kelch trinkt, verkündet ihr den Tod des Herrn, bis er kommt" (1 Kor 11,26).

Ich bin froh, daß ich Dir an diesem heiligen Tag über Mutters Tod und über unseren eigenen Tod schreiben kann, weil ich jetzt klarer denn je sehe, wie sehr uns das Geheimnis dieses Tages miteinander verbindet. Mein ganzes Leben wurzelt in der Eucharistie. Für mich bedeutet Priestersein: geweiht zu sein, meinen Brüdern und Schwestern jeden Tag Christus als

Brot und Wein darzureichen. Ich frage mich manchmal, ob es denen, die mir nahe sind, genügend bewußt ist, daß die Eucharistie das Innerste meines Lebens ist. Ich tue so viele andere Dinge und habe so viele zusätzliche Beschäftigungen, die zu mir gehören – Lehrer, Redner, Schriftsteller –, daß man die Eucharistie leicht für den am wenigsten wichtigen Teil meines Lebens halten könnte. Doch das Gegenteil ist richtig. Die Eucharistie ist der Mittelpunkt meines Lebens, und alles andere erhält aus diesem Mittelpunkt seinen Sinn. Ich hebe das so hervor, weil ich hoffe, daß Du verstehen wirst, was ich meine, wenn ich sage, daß mein Leben ein ständiges Verkünden des Todes und der Auferstehung Jesu Christi sein muß. Und diese Verkündigung vollzieht sich zuallererst durch die Eucharistie.

Was hat dies alles mit Mutters Tod und unserem Tod zu tun? Ich meine, sehr viel, und sicherlich mehr, als wir vermuten mögen. Du weißt besser als ich, wie wichtig die Eucharistie für Mutter war. Es gab nur wenige Tage, seit sie erwachsen war, an denen sie nicht die heilige Messe besuchte und zur Kommunion ging. Wenn sie auch nicht viel darüber sprach, so wußten wir doch alle, daß die tägliche Mitfeier der Eucharistie den Mittelpunkt ihres Lebens darstellte. Es gab nur wenige Dinge, an denen sie in der Routine des Alltags so festhielt. Wo auch immer sie war oder was immer sie tat, sie suchte in die nächstgelegene Kirche zu gehen, um die Gaben Christi zu empfangen. Ihr ausdrückliches Verlangen nach dieser täglichen geistlichen Nahrung führte dazu, daß Ihr, wenn Ihr auf Reisen gingt, darauf geachtet habt, daß Ihr jeden Tag zuerst die heilige Messe besuchen konntet, bevor Ihr anderes unternahmt.

Ich übertreibe bestimmt nicht, wenn ich sage, daß Mutters tiefe und unablässige Verehrung der Eucharistie einer der Gründe, wenn nicht sogar der ausschlaggebende Grund für meine Entscheidung war, Priester zu werden. Deswegen ist dieser Gründonnerstag ein so wichtiger Tag. Er verbindet uns ganz besonders innig. Der in der Eucharistie verkündete Tod Christi hat unserem Leben in einer tiefen, nicht zu erklärenden Weise Sinn verliehen. Es ist wichtig, sich zu vergegenwärtigen, daß unser Leben und unser Tod durch die Teilnahme an der Eucharistie in das Leben und in den Tod Christi erhöht wird – eine unermeßliche, geheimnisvolle Wirklichkeit. Doch je weiter wir uns in sie vertiefen, um so mehr Stärkung und Trost werden wir in diesen Monaten des Schmerzes finden. Lange bevor Du, Mutter oder ich zur Welt kamen, wurde der Tod Christi in der Eucharistie gefeiert. Und er wird noch gefeiert werden, wenn wir längst nicht mehr da sind. In den wenigen Jahren unserer bewußten Teilnahme am eucharistischen Mahl wird unser Leben und Sterben Teil dieser fortwährenden Verkündigung des Lebens und Sterbens Christi. Deshalb wage ich zu sagen, daß wir jedesmal, wenn ich die Eucharistie feiere, und jedesmal, wenn Du den Leib und das Blut Christi empfängst, nicht nur des Todes Christi gedenken, sondern auch ihres Todes, weil sie eben durch diese Eucharistie so eng mit ihm verbunden war.

Dies verdeutlicht weiter, daß Mutters Tod in und durch Christus ein Tod für Dich und für mich war.

Durch die Vereinigung mit Christus in der Eucharistie hat sie Anteil an seinem lebenspendenden Tod. Nur Christus, der Sohn Gottes, konnte nicht für sich selbst sterben, sondern für andere. Mutters menschliche Gebrochenheit und Sündigkeit ermöglichte es ihr nicht, in vollständiger Selbsthingabe für andere zu sterben. Aber indem sie den Leib Christi aß und sein Blut trank, wurde ihr Leben in das Leben Christi umgewandelt, und ihr Tod wurde in seinen Tod erhöht, so daß sie, die mit Christus gelebt hat, auch mit ihm sterben konnte. So gibt der Tod Christi auch ihrem Tod Sinn. Deshalb können wir durchaus sagen, daß sie für uns gestorben ist. Vielleicht haben uns die Worte „Christus ist für uns gestorben" bisher nie in ihrer ganzen Bedeutung berührt und sind für uns beide eine eher abstrakte Idee geblieben. Doch meine ich, daß uns Mutters Tod eine neue Einsicht in dieses zentrale Geheimnis unseres Glaubens geben kann. Ist uns einmal deutlich geworden, daß Mutter unseretwillen starb, und haben wir einmal erkannt, daß dies durch ihre enge Vereinigung mit Christus in der heiligen Eucharistie möglich war, können wir auch auf eine persönlichere Weise den letzten Sinn des Todes Christi entdecken. Mutters Tod lenkt dann unsere Aufmerksamkeit auf Christi Tod und lädt uns ein, in ihm die Quelle unseres ganzen Trostes und unserer ganzen Stärkung zu finden.

Ich glaube nicht, daß Du etwas von all dem, was ich Dir zu sagen versucht habe, gesagt hättest. Die Sprache, die ich hier gebrauche, kommt bei Dir nicht so leicht an, und meine Worte sind vielleicht nicht die

Worte, die Du selbst verwenden würdest. Doch anderseits weiß ich, daß Dir das alles nicht unvertraut ist. Wenn Du auch an Mutters Verehrung der heiligen Eucharistie während ihres Lebens teilgenommen und mit ihr zusammen regelmäßig den Leib und das Blut Christi empfangen hast, wurde Dir doch erst in den letzten sechs Monaten bewußt, daß Du durch dieses große Sakrament immer mit ihr verbunden bist. Es ist meine feste Hoffnung, daß Du in der heiligen Eucharistie immer größere Stärkung findest. Du lebst ja allein und wirst oft verspüren, was Einsamkeit heißt. So können Dich die Sakramente oder Gaben Christi, der für Dich starb, innig mit ihm verbinden und Dir auf diese Weise den verborgenen Sinn von Mutters Tod enthüllen. Die heilige Eucharistie kann nie ganz erklärt oder verstanden werden. Sie ist ein Geheimnis, in das man eintreten und das man von innen her erfahren muß.

Jedes Ereignis im Leben kann uns zu einem tieferen Verständnis der Eucharistie führen. Die Ehe ermöglicht uns, Gottes treue Liebe, die in seiner bleibenden Gegenwart unter uns zum Ausdruck kommt, tiefer zu verstehen; Krankheit und innere Kämpfe können uns die heilende Kraft der Eucharistie näherbringen; Sünde und eigenes Versagen können uns die Eucharistie als ein Sakrament der Vergebung erfahren lassen. Was ich hier sagen will, ist, daß Mutters Tod uns die Augen öffnen kann für die Eucharistie als einem Sakrament, durch das wir Christi Tod als einen Tod für uns verkünden, einen Tod, durch den wir zu neuem Leben geführt werden. So kann er uns auch eine Hilfe zur Vorbereitung auf unseren eigenen Tod sein. Je mehr wir die Eucharistie als Verkündigung von Christi Tod sehen, desto mehr werden wir erkennen, daß unser Tod in der Gemeinschaft mit Christus nicht vergeblich sein kann.

So führt uns die Eucharistie in sehr tiefer Weise zusammen. Sie ist der Kern meines priesterlichen Lebens; sie enthüllt den tieferen Sinn von Mutters Tod; sie hilft uns, uns auf unseren Tod vorzubereiten; und sie weist vor allem auf Christus hin, der uns seinen Leib und sein Blut als eine ständige Erinnerung gibt, daß der Tod kein Grund zur Verzweiflung mehr ist, sondern in ihm und durch ihn die Grundlage unserer Hoffnung wurde. So werden wir morgen auch in der Liturgie singen: „Sei gegrüßt, heiliges Kreuz, du unsere einzige Hoffnung!"

VII

Es könnte sein, daß Du nach all dem, was ich über den Sinn des Todes gesagt habe, den Eindruck gewonnen hast, daß der Tod etwas Erstrebenswertes ist; etwas, dem wir mit Erwartung entgegengehen können; etwas, auf das uns alles im Leben vorbereitet; und somit etwas, das mehr oder weniger den Höhepunkt des Lebens bedeutet. Hätte ich bei Dir diesen Eindruck erweckt, müßte ich ihn so schnell wie möglich berichtigen. Wenngleich ich meine, daß es möglich ist, über den Sinn des Todes zu sprechen, so meine ich auch, daß der Tod das einzige Ereignis ist, gegen das wir mit unserer ganzen Existenz protestieren. Wir spüren, daß Leben zu uns gehört und daß Tod in unserem Grundverlangen, zu leben, keinen Platz hat. So überrascht es nicht, daß die meisten Menschen, auch ältere, nicht viel über den Tod nachdenken. Solange wir uns gesund und vital fühlen, halten sich unser Geist und unser Leib lieber an die Dinge des Lebens. Karl Rahner nennt den Tod den „absurden Erz-Widerspruch der Existenz", und tatsächlich hat der Tod keinen Sinn für denjenigen, der nur das für sinnvoll hält, was er irgendwie verstehen kann. Aber unsere völlige Ohnmacht im Angesicht des Todes, in der uns jede Möglichkeit genommen ist, unser Schicksal zu lenken, kann schwerlich als irgendwie von Wert verstanden werden. Unser ganzes Sein lehnt sich auf gegen die Drohung des Nicht-Seins.

Ich schreibe diese Zeilen am Karfreitag. Gerade habe ich an der Liturgie teilgenommen, in der das Gedächtnis des Todes Christi in bewegender Weise gefeiert wird. Dabei hatte ich die Worte vorzulesen, die Jesus bei seiner Passion gesprochen hat. Wie ich sie mit lauter Stimme sprach, damit alle sie tief in ihr Herz hineinlassen konnten, wurde mir klar, daß Jesus Christus selbst sich darauf eingelassen hat, mit uns zu erfahren, wie ganz und gar absurd der Tod ist. Jesus wollte nicht sterben. Jesus sah seinem Tod nicht entgegen, als wäre er ein erstrebenswertes Gut. Er sprach vom Tod niemals so, als könne man ihn froh annehmen. Obwohl er über seinen Tod sprach und seine Jünger darauf vorzubereiten suchte, schenkte er ihm dennoch keine krankhafte Aufmerksamkeit. Und das Evangelium gibt keinen Hinweis, daß der Tod für Jesus anziehend war. Vielmehr finden wir in den Berichten der Evangelisten einen tiefen inneren Protest gegen den Tod. Im Garten Getsemani ergriffen Jesus Angst und Traurigkeit, und er betete laut zu seinem Vater: „Alles ist dir möglich. Nimm diesen Kelch von mir!" (Mk 14,36). Diese Angst wurde so groß, daß „Sein Schweiß wie Blut war, das auf die Erde tropfte" (Lk 22,44). Und in seinem Todeskampf am Kreuz rief Jesus aus: „Mein Gott, mein Gott, warum hast du mich verlassen?" (Mt 27,46).

Weit mehr als die Todesqualen war es, wie ich meine, der Tod selbst, der Jesus mit Angst und

Schmerz erfüllte. Ich halte dies für eine wichtige Einsicht, weil dadurch jede Verherrlichung und jede Romantisierung des Todes ausgeschlossen wird. Wir wollen nicht sterben, auch wenn wir unserem Tod so realistisch entgegensehen, ja uns mit ihm anfreunden müssen. Obwohl wir uns mit unserem Tod anfreunden, das heißt, ihn als eine Wirklichkeit anerkennen müssen, die zutiefst zu unserem Menschsein gehört, bleibt der Tod dennoch unser Feind. Obwohl wir uns auf den Tod vorbereiten können und müssen, trifft er uns immer unvorbereitet. Obwohl wir sehen müssen, wie der Tod von Geburt an Teil unseres Lebens ist, so bleibt er doch die größte Unbekannte unserer Existenz. Obwohl wir nach dem Sinn des Todes suchen müssen, zeigt unser Sich-Auflehnen gegen ihn, daß wir nie imstande sein werden, ihm einen Sinn zu geben, der uns unsere Angst nehmen kann.

Mutters Tod hat uns das sehr klar gemacht. Du weißt, wie sehr Mutters Leben erfüllt war von den Gedanken an Gott und seinen Geheimnissen. Sie empfing jeden Tag die heilige Eucharistie, verbrachte viele Stunden im Gebet und las eifrig die Heilige Schrift; sie war auch jedem dankbar, der sie in ihrem religiösen Leben unterstützte. Innig verehrte sie Maria, die Mutter Gottes, und ging nie zu Bett, ohne um Fürsprache in ihrer Todesstunde zu bitten. So war Mutters Leben wirklich ein Leben der Vorbereitung auf den Tod. Aber dies machte ihr den Tod nicht leicht. Sie gab offen zu, daß sie Angst vor dem Sterben hatte, daß sie sich nicht bereit fühlte, vor Gott zu erscheinen, und daß sie noch nicht so weit war, diese Welt zu verlassen. Sie liebte das Leben, liebte es ganz und gar. Sie liebte Dich mit unerschütterlicher Treue. Du bist der, an den sie immer zuerst dachte und über den sie immer zuerst sprach; sie ließ nie zu, daß jemand ihre Aufmerksamkeit von Dir ablenken könnte. Ihre Kinder und Enkelkinder waren ihr ständige Freude und Glück. Deren Freuden waren ihre Freuden, und deren Schmerz war ihr Schmerz. Wie sehr liebte sie die Schönheit: die Schönheit der Natur mit ihren Blumen und Bäumen, ihren Bergen und Tälern; die Schönheit der französischen Kathedralen oder der alten Dorfkirchen; die Schönheit der italienischen Städte Ravenna, Florenz, Assisi und Rom. Sie konnte durch die Gassen dieser Städte spazieren und ganz begeistert sagen: „Schau, ist das nicht schön! Schau Dir dieses Haus an, schau diese Kirche, schau den Balkon mit diesen blühenden Kletterpflanzen – ist das nicht herrlich!" Ja, Mutter liebte das Leben. Ich erinnere mich, wie sie mir einmal sagte: „Wenn ich auch alt bin, ich möchte so gern noch ein paar Jahre leben."

Der Tod war für sie hart und qualvoll. Ich denke mir oft, daß es eben deswegen so schwer für sie war, das alles loszulassen, weil sie durch ihr Leben des Gebets eine tiefe Ehrfurcht vor allem Geschaffenen hatte. Der Gott, den sie liebte und dem sie ihr Leben schenken wollte, hatte ihr den Glanz seiner Schöpfung wie auch die bedingungslose Endgültigkeit gezeigt, mit der sie der Tod von allem trennen würde, was sie liebgewonnen hatte.

Wenn ich über Mutters Tod nachdenke, wird mir jetzt etwas klarer als zuvor: daß nämlich der Tod nicht zu Gott gehört. Gott hat den Tod nicht geschaffen. Gott will den Tod nicht. Gott wünscht uns den Tod nicht. Bei Gott gibt es keinen Tod. Gott ist der Gott des Lebens. Er ist der Gott des Lebendigen und nicht des Toten. Deswegen müssen Menschen, die ein sehr gläubiges Leben führen, ein Leben in wirklicher Nähe zu Gott, den Schmerz des Todes besonders scharf spüren. Ein Leben mit Gott öffnet uns allem Lebendigen. Es läßt uns das Leben feiern; es ermöglicht uns, die Schönheit alles Geschaffenen zu sehen; es weckt in uns den Wunsch, immer dort zu sein, wo das Leben ist. Deshalb darf der Tod von einem wirklich gläubigen Menschen weder als Befreitwerden von der Mühsal des Lebens noch als ein Ort der Ruhe und des Friedens erfahren werden, sondern als ein absurdes, gottloses, dunkles Nichts. Jetzt sehe ich, warum es falsch ist zu sagen, daß ein gläubiger Mensch den Tod leicht und angenehm finden sollte. Jetzt verstehe ich auch, warum es falsch ist, zu denken, daß ein Tod ohne Ringen und Qualen ein Zeichen großen Glaubens ist. Solche Vorstellungen können nicht mehr richtig sein, wenn wir erkannt haben, daß der Glaube uns zur vollständigen Bejahung des Lebens öffnet und das Verlangen weckt, erfüllter, intensiver, bewußter zu leben. Wenn sich einer gegen den Tod auflehnen sollte, dann der Gläubige, der Mensch, der Gott immer mehr als den Gott des Lebendigen kennengelernt hat.

Dies führt mich zum großen Geheimnis des heutigen Tages zurück, des Tages, den wir Karfreitag nennen. Es ist der Tag, an dem Jesus, Sohn Gottes, Licht vom Licht, wahrer Gott vom wahren Gott, eines Wesens mit dem Vater, starb. Wirklich, an diesem Freitag vor fast zweitausend Jahren, vor den Mauern Jerusalems, starb Gottes Sohn.

Ich hoffe, daß Du mitzuempfinden vermagst, daß hier die Quelle unseres Trostes und unserer Hoffnung liegt. Gott selbst, der Licht, Leben und Wahrheit ist, kam, um mit uns und für uns die ganze Absurdität des Todes zu erleiden. Jesu Tod ist kein denkwürdiges Ereignis, weil ein großer, heiliger Prophet starb. Jesu Tod ist vielmehr das wichtigste – in gewissem Sinn sogar das einzig wahre – Ereignis der Geschichte, weil Gottes Sohn, an dem kein Zeichen des Todes war, den absurden Tod starb, der das Schicksal aller Menschen ist.

Dies gibt uns eine Vorstellung vom Todeskampf Jesu. Wer kostete das Leben voller als er? Wer sah die Schönheit des Landes, in dem er lebte, besser? Wer verstand mehr das Lachen der Kinder, das Klagen der Kranken, die Tränen der Trauernden? Jede Faser seines Wesens war voll Leben. „Ich bin der Weg, die Wahrheit und das Leben", sagte Jesus Christus, und in ihm ist nur Leben. Können wir je begreifen, was es für ihn bedeutete, den Tod zu erleiden, vom Leben getrennt zu werden und in die Dunkelheit völligen Ausgelöschtseins einzutreten? Die Todesangst im Garten Getsemani, die Erniedrigung durch das Gespött der Menge, die Qualen der Geißelung, der leidvolle Weg auf den Kalvarienberg und die grausame Hinrichtung am Kreuz wurden vom Herrn des Lebens erlitten.

Ich schreibe dies nicht, um Dich zu beunruhigen, sondern um Dich in Deinem Kummer zu trösten. Der Herr, der starb, starb für uns – für Dich, für mich, für

Mutter, für alle Menschen. Er starb nicht, weil Tod oder Dunkelheit in ihm waren, sondern einzig und allein, um uns vom Tod und von der Dunkelheit in uns zu befreien. Wenn der Gott, der uns das Leben offenbarte und dessen einziges Verlangen ist, uns das Leben zu bringen; wenn uns dieser Gott so sehr liebte, daß er mit uns die völlige Absurdität des Todes erfahren wollte, dann – ja, dann muß es eine Hoffnung geben; dann muß es etwas geben, das über den Tod hinausreicht; dann muß es eine Verheißung geben, die während unserer kurzen Existenz in dieser Welt unerfüllt bleibt; dann kann es nicht bloß die Vernichtung und das grausame Ende aller Dinge sein, wenn wir die Geliebten zurücklassen, die Blumen und Bäume, die Berge und Meere, die Schönheiten der Kunst und der Musik und all die reichen Gaben des Lebens; dann müssen wir wirklich auf den „dritten Tag" warten.

VIII

Ich betrachte gerade die Photographie, die Du von Mutters Grab gemacht hast, das einfache hellbraune Holzkreuz. Die beiden schweren Balken sprechen von Stärke. Ich lese die Worte „In Frieden", ihren Namen „Maria", ihr Geburts- und Todesdatum. Sie fassen alles zusammen. Es ist ein schöner Anblick. Welch eine Blumenpracht! Die weißen, gelben, roten und purpurnen Farben heben das Kreuz geradezu empor und zeugen von Leben. Wie gut erinnere ich mich noch an jenen 14. Oktober heute vor sechs Monaten! Welch wunderbarer Morgen damals! Wie freundlich schien die Sonne auf die Wiesen und Felder, als wir Mutter an diesen Ort trugen! Weißt Du noch? Es war ein trauriger Tag. Aber er war nicht nur traurig. Da gab es auch ein Ahnen von Erfüllung. Ihr Leben war zur Erfüllung gelangt, und es war solch ein begnadetes Leben. Wir waren ihr zutiefst dankbar wie auch allen, die gekommen waren und uns sagten, was sie ihnen bedeutete. Es war ein friedlicher, stiller, bewegender Tag. Ich weiß, daß Du ihn nie vergessen wirst. Ich auch nicht. Es war der Tag, der uns Kraft gab, in stiller Freude weiterzuleben, den Blick nicht nur zurück, sondern auch nach vorn gerichtet.

Immer wieder, wenn ich die Photographie von ihrem Grab betrachte, bin ich ergriffen. Diese neue Ergriffenheit war da, nachdem wir sie begraben hatten. Es war eine ganz andere Ergriffenheit als die bei einem Wiedersehen nach langer Trennung. Sie war auch ganz anders als die, Mutter leiden und sterben zu sehen. Es ist eine neue, kostbare Ergriffenheit: die des ruhigen und freudigen Wartens. Gewiß weißt Du, was ich meine.

In dieser Ergriffenheit liegt eine ruhige Zufriedenheit. Sie hat ihr Leben mit uns beendet. Sie muß nicht mehr leiden wie wir; sie muß sich nicht mehr sorgen wie wir; sie muß der Angst vor dem Tod nicht länger ins Angesicht sehen wie wir. Und noch mehr, ihr bleiben die vielen Ängste und Konflikte erspart, die auf uns noch warten. Niemand kann ihr mehr ein Leid antun. Wir müssen sie nicht länger beschützen und uns um ihre Gesundheit und Sicherheit sorgen. Doch wie gern würden wir diese Sorge wieder auf uns nehmen! Aber wir haben sie zur Ruhe gelegt, und sie kommt nicht mehr zurück. Die fruchtbare Erde, in die wir sie gebettet haben, die grünen Hecken hinter ihrem Grab und die hohen, üppigen Bäume rings um den kleinen Friedhof, dies alles gibt uns ein Gefühl, daß sie sicher und gut aufgehoben ist.

Diese Ergriffenheit hat aber noch eine andere Seite, die Warten, stilles Warten heißt. Das festgefügte, einfache Kreuz auf ihrem Grab spricht von noch mehr als von ihrem Tod. Immer, wenn wir an diesen Ort kommen, spüren wir, daß wir warten, erwarten, hoffen. Wir möchten sie wiedersehen und wieder mit ihr zusammensein, wenngleich wir wissen, daß sie uns verlassen hat, um nicht wiederzukehren. Von Zeit zu Zeit wünschen wir zu sterben und mit ihr uns im Tod zu verbinden, aber wir wissen, daß wir zum Leben und zum Wirken auf dieser Erde berufen sind. Unser ruhiges, frohes Warten ist viel tiefgründiger als bloßes Wunschdenken. Es ist ein Warten im Wissen, daß die Liebe stärker ist als der Tod und daß diese Wahrheit uns offenbar werden wird. Wie? Wann? Wo? Diese Fragen bewegen immerfort unser ungeduldiges Herz. Und doch hören sie auf, uns zu plagen, und wir merken, daß alles gut ist, wenn dieses ruhige, frohe Warten uns erfüllt.

Du hast bestimmt schon gemerkt, lieber Vater, daß ich Dir diese Zeilen am Karsamstag schreibe. Ich habe diesen Tag schon viele Male erlebt, aber dieser Samstag, der 14. April 1979, ist mit keinem anderen zu vergleichen, weil ich heute neue Einsicht in das gewonnen habe, was die große Stille dieses Tages bedeutet.

Du kennst den Bericht. Sie hatten ihn in das Grab gelegt, das in dem Garten war, der nahe dem Ort seiner Kreuzigung lag. Josef von Arimathäa „wälzte einen Stein vor den Eingang des Grabes" (Mk 15,46), und „Maria aus Magdala und Maria, die Mutter des Joses, beobachteten, wohin der Leichnam gelegt wurde". „Dann kehrten sie heim und bereiteten wohlriechende Öle und Salben. Am Sabbat aber hielten sie Ruhe" (vgl. Lk 23,56).

Es ist der stillste Tag des Jahres: keine Arbeit, keine große liturgische Feier, keine Besucher hier im Kloster, keine Post, keine Worte. Nur tiefe, tiefe Ruhe. Eine Stille zwischen den Zeiten. Die Fastenzeit ist vorüber, aber Ostern noch nicht da. Er starb, aber wir wissen noch nicht ganz, was das heißt. Die angstvolle Spannung des Karfreitags hat sich gelegt, aber noch sind keine Glocken zu hören. Ein Bruder ruft mit einer Holzklapper zum Gebet. Es hat aufgehört zu regnen. Der wütende Sturm, der vergangene Nacht durch das Tal heulte, hat sich beruhigt, aber Wolken bedecken noch den Himmel. Ja, es herrscht ein stilles, frohes Warten. Keine Erregung, keine Verzweiflung, kein Klagen, keine Tränen, kein Händeringen. Doch auch keine Freudenrufe, keine Siegeslieder, keine Fahnen und Banner. Nur einfaches, ruhiges Warten in tiefer innerer Gewißheit, daß alles gut werden wird. Wie? Frage nicht! Warum? Mach Dir keine Sorgen! Wo? Du wirst es sehen. Wann? Warte nur! Warte nur ruhig, friedlich, froh ... und alles wird gut.

Karsamstag! Der Tag, an dem wir Mutter begraben haben, der Tag, an dem wir am Grab Jesu sitzen und ruhen; der Tag, an dem die Mönche einander anschauen, als wüßten sie etwas, über das sie noch nicht sprechen dürfen. Es ist der Tag, an dem ich verstehe, was unser Leben war, seit Du Mutter in ihr Grab gelegt hast.

Merkst Du, worüber ich schreibe? Es sind noch viele, viele Fragen, und wir hätten jetzt gern eine Antwort auf sie. Dafür aber ist es zu früh. Niemand kann etwas sagen. Wir sahen, daß der Tod Wirklichkeit ist. Wir sahen, daß der Tod uns den Menschen genommen hat, den wir über alles liebten. Wir standen am Grab. Wir wollen jetzt keine Fragen stellen. Dies ist die Zeit, diese innere Ruhe in uns wachsen zu lassen.

Die Jünger dachten, daß alles vorbei war, fertig, zu Ende ... Die Frauen wollten sich um das Grab kümmern. Sie bereiteten wohlriechende Öle und Salben. Aber am Samstag hielten sie Ruhe.

Gibt uns dieser heilige Samstag nicht neue Einsicht in das, was unser neues Leben ohne Mutter mehr und mehr werden kann? Erzählt uns dieser heilige Samstag nicht von dieser neuen Ergriffenheit ruhigen und frohen Wartens, bei dem wir beständig und sicher wachsen können? Wir brauchen nicht länger zu weinen, müssen nicht weiter das schmerzliche Gefühl haben, daß sie uns entrissen ist. Jetzt können wir warten, können alle unsere Wünsche und Vorstellungen über das, was sein wird, beschwichtigen und einfach in Freude hoffen.

IX

Als ich diesen Brief an Dich zu schreiben begann, geschah etwas, was mir zuerst kaum bemerkenswert erschien, in den folgenden Tagen aber mehr und mehr bedeutsam wurde. Ich möchte Dir deshalb am Schluß meines Briefes davon erzählen. Es ist eine Geschichte vom Wetter. Bis vor zehn Tagen war es hier, nicht weit weg von New York, sehr schön. Der Winter war vorüber, der Frühling regte sich. Die milden und sonnigen Tage luden die Mönche ein zu einem ersten Spaziergang in die nahen Wälder, um nach ersten Vorboten der neuen Jahreszeit Ausschau zu halten. Gelbe, weiße und blaue Krokusse schmückten den Hof, und jeder schien glücklich zu sein, daß die kalte, unfreundliche Zeit zu Ende war.

Doch welch eine Täuschung! Genau an dem Tag, da ich diesen Brief an Dich zu schreiben begann, zog ein mächtiger Sturm über das Land und brachte heftigen Regen mit sich. Eimer wurden unter die Löcher im Dach gestellt, Fenster fest verschlossen, niemand wagte sich aus dem Haus. Die Temperatur sank merklich, und bald fiel statt Regen Schnee. Am nächsten Tag hatten wir wieder Winter. Es schneite unablässig, und ich fühlte mich merkwürdig desorientiert. Augen und Ohren hatten leuchtende Blumen, grüne Bäume und Vogelgezwitscher erwartet, dem gegenüber dieser Wetterwechsel eigenartig verfehlt erschien. Als sich das Wetter beruhigt hatte, lagen Wiesen, Felder und Wälder in friedlichem Weiß wie auf einer Weihnachtskarte. Der Schnee hatte sich über alles wie ein frisch gewaschenes Kleid gebreitet. Doch ich konnte mich daran nicht erfreuen und mußte mir einfach immer wieder sagen: „In einer Woche ist dennoch Ostern, und dann wird wieder Frühling sein." Ich überraschte mich dabei, wie ich als sicher annahm, daß sich Ostern das Wetter ändern würde. Und als am Mittwoch der Karwoche noch alles ganz weiß war, meinte ich weiter: „Nur noch drei Tage, und dann ist alles wieder grün!" Am Karfreitag setzten Sturmböen ein, es fing an, in Strömen zu regnen, und hörte den ganzen Tag nicht mehr auf. Am nächsten Morgen war der ganze Schnee verschwunden. Am Nachmittag klärte sich der Himmel auf, eine strahlende Sonne erschien und verwandelte alles in ein fröhliches Schauspiel. Als ich aus meinem Fenster blickte und die Wiesen in hellem Licht sah, mußte ich mich wirklich zurückhalten, um die klösterliche Stille nicht zu durchbrechen. Ich ging hinaus und spazierte auf den Hügel, von dem aus ich das ganze Tal überblicken konnte. Ich konnte nur lächeln und lächeln und laut zum Himmel rufen: „Der Herr ist auferstanden; er ist wirklich auferstanden!"

Nie zuvor in meinem Leben habe ich so tief empfunden, daß die heiligen Ereignisse, die wir feiern, auf unsere natürliche Umgebung wirken. Es war viel mehr als die Freude über ein glückliches Zusammentreffen. Es war die eindringliche Erkenntnis, daß die Ereig nisse, die wir feiern, die wahren Ereignisse sind und daß alles andere, Natur und Kultur eingeschlossen, von diesen Ereignissen abhängig ist.

Du willst nun sicher wissen, wie das Wetter am Ostermorgen war. Es war freundlich und bewölkt, nichts Außergewöhnliches. Kein Regen, kein Wind; nicht sehr kalt, nicht sehr warm. Keine strahlende Sonne, nur eine angenehme sanfte Brise. Das machte mir aber kaum etwas aus. Ich wäre vielleicht sogar glücklich gewesen, wenn es wieder geschneit hätte. Für mich war wichtig, daß ich während dieser heiligen Zeit erfahren konnte, daß die wirklichen Ereignisse jene Ereignisse sind, die unter dem großen Schleier der Natur und der Geschichte stattfinden. Alles hängt davon ab, ob wir Augen haben zu sehen und Ohren zu hören.

Eben dies möchte ich Dir so gern an diesem Oster-fest 1979 schreiben: Etwas sehr Tiefes und Geheimnis-volles, etwas sehr Heiliges und Weihevolles findet in unserem Leben statt, gerade da, wo wir sind, und je aufmerksamer wir werden, desto deutlicher werden wir es zu sehen und zu hören beginnen. Je mehr unser geistliches Empfinden die Oberfläche unseres tägli-chen Lebens erfaßt, desto mehr werden wir eine neue Gegenwart in unserem Leben entdecken – aufdecken. Ich bin sicher, daß Mutters Tod eine zwar schmerz-volle, aber durchaus segenbringende Reinigung war und noch ist, die uns befähigt, eine Stimme zu hören und ein Gesicht zu sehen, so klar, wie wir es zuvor nicht vermochten.

Stell Dir vor, was an Ostern vor sich geht! Eine

Gruppe Frauen geht zum Grab. Sie bemerken, daß der Stein weggewälzt ist, gehen hinein, sehen auf der rechten Seite einen jungen Mann in weißem Gewand sitzen und hören ihn sagen: „Er ist nicht hier." Petrus und Johannes laufen zum Grab und finden es leer. Maria aus Magdala begegnet Jesus, von dem sie meint, es sei der Gärtner; er nennt sie beim Namen, und da erkennt sie, daß es der Herr ist. Die Jünger, die sich aus Furcht versammelt und „die Türen verschlossen" hatten, sehen ihn plötzlich mitten unter ihnen und hören ihn sagen: „Friede sei mit euch!"

Zwei Männer kommen eilig aus Emmaus zurück und berichten ihren niedergeschlagenen Freunden, daß sie unterwegs Jesus getroffen und ihn am Brotbrechen erkannt haben.

Später sind Simon Petrus, Thomas, Natanael, Jakobus und Johannes zum Fischen auf den See hinausgefahren. Ein Mann am Ufer ruft ihnen zu: „Meine Freunde, habt ihr nicht etwas zu essen?" Sie antworten ihm: „Nein." Er aber sagt zu ihnen: „Werft das Netz auf der rechten Seite des Bootes aus, und ihr werdet etwas fangen!" Sie tun es, und als sie so viele Fische fangen, daß sie ihr Netz nicht wieder einholen können, sagt Johannes zu Petrus: „Es ist der Herr!" Und als sich dies alles zutrug, wird ein neues Wort gesprochen, zuerst leise und zögernd, dann klar und überzeugend, schließlich laut und triumphierend: „Der Herr ist auferstanden, er ist wirklich auferstanden!"

Ich frage mich, was dieser Bericht, der wichtigste Bericht der Menschheitsgeschichte, Dir jetzt sagt, da Du weißt, was es heißt, den Menschen verloren zu haben, den man über alles geliebt hat. Fällt Dir auf, daß keiner der Freunde Jesu, nicht die Frauen und nicht die Jünger, im geringsten damit rechnete, daß er vom Tode auferstehen würde? Seine Kreuzigung hatte ihre ganzen Hoffnungen und Erwartungen zerstört, sie fühlten sich vollständig verlassen und entmutigt. Sogar als ihnen Jesus erschien, zögerten und zweifelten sie immer noch und mußten sich überzeugen, nicht nur Thomas, sondern andere ebenso. Da ist keine Spur einer Einstellung von „Das habe ich euch ja schon immer gesagt". Das Ereignis der Auferstehung Jesu überstieg ganz und gar ihre Vorstellungskraft. Es ging weit über ihr gewohntes Denken und Empfinden hinaus, durchbrach die Grenzen ihres Verstandes und ihres Herzens. Und dennoch glaubten sie – und ihr Glaube veränderte die Welt.

Ist das keine frohe Botschaft? Kehrt dies nicht alles um und bietet uns ein Fundament, auf dem wir in Hoffnung leben können? Gibt das alles Mutters Tod nicht einen völlig neuen Sinn? Es macht ihren Tod nicht weniger schmerzlich und unsere Trauer nicht weniger groß. Es macht ihren Verlust nicht weniger wirklich, aber es läßt uns sehen und spüren, daß der Tod Teil eines weitaus größeren und tieferen Ereignisses ist, dessen volle Tragweite wir nicht begreifen können, von dem wir jedoch wissen, daß es ein lebenspendendes Ereignis ist. Die Freunde Jesu sahen und hörten ihn nach jenem Ostermorgen nur ein paar Mal, doch ihr Leben war vollständig verändert. Was als das Ende erschien, erwies sich als Anfang; was als Grund zur Furcht erschien, wurde Anstoß zum Mut; was wie eine Niederlage aussah, wurde zum Sieg; und was als Anlaß zur Verzweiflung angesehen wurde, erwies sich als ein Grund zur Hoffnung. Mit einemmal wird aus einer Mauer ein Tor, und wenn wir auch nicht mit aller Klarheit und Genauigkeit sagen können, was hinter dem Tor ist, ändert sich doch ganz entscheidend der Klang all dessen, was wir auf unserem Weg zum Tor tun und sagen.

Der beste Weg, Dir die Bedeutung des Todes im Lichte der Auferstehung Jesu zu erklären, ist, zu sagen, daß die Liebe, die uns so viel Leid bereitet und uns die Absurdität des Todes so spüren läßt, stärker als der Tod selbst ist. „Die Liebe ist stärker als der Tod." Dieser Satz faßt den Sinn der Auferstehung und damit auch den Sinn des Todes am besten zusammen. Ich habe darauf in diesem Brief schon früher hingewiesen, aber jetzt wirst Du wohl besser verstehen, was das wirklich heißt. Warum hat Dich Mutters Tod so schmerzlich getroffen? Weil Du sie so sehr geliebt hast. Warum wurde Dein eigener Tod zu einer so bedrängenden Frage für Dich? Weil Du das Leben liebst, Deine Kinder und Enkel, weil Du die Natur liebst, die Kunst, die Musik, die Pferde; weil Du alles Lebendige und Schöne liebst. Der Tod ist absurd und kann keinen Sinn haben für einen, der so viel liebt.

Die Auferstehung Christi ist die glorreiche Manifestation des Sieges der Liebe über den Tod. Dieselbe Liebe, die uns gegen den Tod klagen und protestieren läßt, befreit uns jetzt zu einem Leben in Hoffnung. Ist Dir aufgefallen, daß Jesus nur denen erschien, die ihn kannten, die seinen Worten gelauscht und die ihn wirklich geliebt hatten? Diese Liebe gab ihnen die Augen, sein Gesicht zu sehen, und die Ohren, seine Stimme zu hören, als er ihnen am dritten Tage nach seinem Tod erschien. Sobald sie ihn gesehen und gehört hatten und glaubten, wurde ihr weiteres Leben ein fortwährendes Erkennen, daß er mitten unter ihnen gegenwärtig ist. Das vor allem bedeutet Leben im Geiste des auferstandenen Christus. Es läßt uns sehen, daß uns der auferstandene Herr unter dem Schleier all dessen, was für unsere körperlichen Augen sichtbar ist, seine unerschöpfliche Liebe erweist und uns aufruft, in diese Liebe noch tiefer einzudringen, eine Liebe, die Mutter und uns – die wir sie so geliebt haben – umfaßt.

Mit dieser göttlichen Liebe im Herzen, einer Liebe stärker als der Tod, kann unser Leben als eine Verheißung gelebt werden. Weil uns diese große Liebe verheißt, daß das, was wir mit den Augen und Ohren des Geistes Christi schon zu sehen und zu hören begonnen haben, niemals zerstört werden kann, sondern vielmehr „der Anfang" des ewigen Lebens ist.

Heute ist der dritte Ostertag, Osterdienstag. Hier im Trappistenkloster ist es der letzte Tag der Osterfestlichkeiten. Drei Tage lang haben wir die Auferstehung Jesu Christi gefeiert, und es war ein wirkliches Fest. Obwohl die Mönche nur das Nötigste miteinander sprechen und obwohl es hier keine „lauten Feste" gibt, waren diese Ostertage dennoch von mehr Freude erfüllt als alle, die ich bisher gefeiert habe. Die Liturgie war reich und überströmend mit ihren vielen Hallelujas; die Lesungen waren froh und bejahend; die Musik war festlich und jeder von Dankbarkeit erfüllt zu Gott und zueinander.

Am Ostersonntag las ich das Evangelium mit dem Bericht von Petrus und Johannes, die zum Grab liefen und es leer fanden. In die Kirche der Abtei waren über hundert Besucher von nah und fern gekommen, junge und alte, manche festlich gekleidet, manche ganz alltäglich. Als ich mit den vierzig Mönchen zusammen um den großen Felsblock saß, der als Altar dient, spürte ich, was Kirche wirklich heißt. Ich durfte das Evangelium vorlesen und die Predigt halten. Während meiner zweiundzwanzig Jahre als Priester habe ich kaum am Ostersonntag gepredigt. So war ich sehr dankbar, daß ich allen in der Kirche verkünden konnte: „Der Herr ist auferstanden; er ist wirklich auferstanden." Alle hörten aufmerksam zu, und ich spürte, daß der auferstandene Christus wirklich unter uns war, uns seinen Frieden brachte.

Während der Eucharistiefeier betete ich für Dich, für Mutter und für alle, die uns lieb sind. Es war, als würde der auferstandene Herr uns alle zusammenführen und nicht nur die Entfernung zwischen der holländischen Heimat und den Vereinigten Staaten, sondern auch den Abstand zwischen Leben und Tod überbrücken.

Die Fastenzeit war lang, manchmal hart und nicht ohne dunkle Augenblicke und verführerische Dämonen. Doch jetzt, im Lichte der Auferstehung Christi, erscheint mir die österliche Bußzeit kurz und leicht gewesen zu sein. Ich glaube, daß dies für alles im Leben zutrifft. In der Dunkelheit zweifeln wir daran, ob es je-

mals wieder Licht werden wird, aber im Licht vergessen wir bald, wie tief die Dunkelheit war.

Jetzt ist Licht. Die Sonne ist tatsächlich gerade
durchgebrochen, und die großen Flecken blauen Him-
mels, die hinter den Wolkentürmen sichtbar werden,
erinnern mich daran, daß das, was wir sehen, oft nicht
das Dauernde ist.

Lieber Vater, ich glaube, das ist die richtige Zeit,
nicht nur die Feier von Ostern, sondern auch diesen
Brief abzuschließen. Zwölf Tage lang habe ich über
Mutters Tod in der Hoffnung nachgedacht, Dir und
mir selbst Trost und Stärkung zu geben. Ich weiß
nicht, ob ich Dich in Deiner Einsamkeit und in Deinem Kummer erreichen konnte. Vielleicht haben mir
meine Worte mehr gesagt als Dir. Aber selbst wenn
dem so ist, hoffe ich, daß allein die Tatsache, daß diese
Worte über sie, die wir so sehr geliebt haben, von Deinem Sohn geschrieben wurden, Dir eine Quelle des
Trostes ist.

*Vom gleichen Autor erschienen im
Verlag Herder:*

Feuer, das von innen brennt
Stille und Gebet

„Einsamkeit inmitten der Massengesellschaft ist heute keine
Seltenheit mehr, und kaum jemand ist vor diesem Gefühl ge-
feit. Der bekannte Psychologe und Seelsorger Henri Nouwen
zeigt einen Weg, Einsamkeit durch bewußtes Erleben,
Schweigen und Gebet zu überwinden. Mit dieser Hilfe kann
der Mensch seiner Meinung nach die verführerischen
Zwänge eines Lebens voller Umtriebe überwinden und zum
Wesentlichen führen." (Fuldaer Zeitung)

4. Auflage. 96 Seiten, Paperback. ISBN 3-451-19427-9

In ihm das Leben finden
Einübungen

„Was ist geistliches Leben und wie kann man mitten im Alltag
dieses Leben verwirklichen? Das ist die Grundfrage, auf die
der Autor für alle suchenden Menschen, Christen wie Nicht-
christen, lebbare Antworten zu geben sucht. Ein erster Schritt
geht der Erfahrung nach, wie lähmend unsere Alltagssorgen
sich auswirken; ein zweiter zeigt auf, wie Jesus zu einem
neuen Leben befreit; ein dritter zeigt konkret, wie Befreiung
aus lähmenden Sorgen geschehen kann, damit erlöstes, be-
freites, geistliches Leben gelingt. Ein sehr anregendes Buch,
das helfen kann, mitten in der Welt und mitten im Alltag Gott
zu finden und zu bewahren." (Prediger und Katechet, Mün-
chen)

2. Auflage. 104 Seiten, Paperback. ISBN 3-451-19549-6

Gebete aus der Stille

„Sie sind Frucht eines längeren Aufenthaltes in einem Trappistenkloster im Genesee-Tal in der Nähe von New York. Die vorliegenden Gebete sind in einer Sprache verfaßt, wie sie jeder versteht: in der Sprache der tagtäglichen Erfahrung." (Anzeiger für die Seelsorge, Freiburg)

136 Seiten, gebunden. ISBN 3-451-19633-6

Das geteilte Leid
Heute christlich leben

„Das Buch ist im Gespräch mit Menschen entstanden, die erfahren haben, daß Leid ohne Mitleiden anderer schwer oder gar nicht zu ertragen ist. Mit-Leid und Mit-Leiden werden zum ‚geteilten Leid', deuten an, was hinter dem Wort von der Barmherzigkeit steht." (Informationen, Freiburg)

176 Seiten, Paperback. ISBN 3-451-19714-6

Zeit, die uns geschenkt ist
Älterwerden in Gelassenheit

„Ein Buch über das Älterwerden – für alle, auch für diejenigen, die schon in diesem Prozeß stehen, der bereits mit der Geburt unaufhaltsam beginnt. Mit vielen Beispielen, die direkt aus dem Leben gegriffen sind: aus eigenem Erleben, aus der Weisheit der Völker." (Pfarrblatt, Sinzheim)

96 Seiten, gebunden. ISBN 3-451-19760-X

Wohin willst du mich führen
Notizen aus Lateinamerika

Der Schauplatz dieser Tagebuch-Notizen sind die Länder Peru und Bolivien. Nouwen stellt sich den Entwicklungen und entdeckt eine ganz neue Sicht der Verantwortung gegenüber den Menschen, die Hunger leiden, die krank sind, die in tiefer Not und Ungewißheit leben.

256 Seiten, Paperback. ISBN 3-451-19885-1